BECOMING URBAN CITIZENS

URBANIZATION AND CHINA'S HUKOU REFORM

大国城民

城镇化与户籍改革

〔美〕陈金永 著

图书在版编目(CIP)数据

大国城民:城镇化与户籍改革/(美)陈金永著. —北京:北京大学出版社,
2023.5

ISBN 978-7-301-33808-7

Ⅰ.①大… Ⅱ.①陈… Ⅲ.①城市化—研究—中国 ②户籍制度—体制改革—研究—中国 Ⅳ.①F299.21 ②D631.42

中国国家版本馆 CIP 数据核字(2023)第 079443 号

书　　　名	大国城民：城镇化与户籍改革 DAGUO CHENGMIN：CHENGZHENHUA YU HUJI GAIGE
著作责任者	〔美〕陈金永　著
责 任 编 辑	朱梅全
标 准 书 号	ISBN 978-7-301-33808-7
出 版 发 行	北京大学出版社
地　　　址	北京市海淀区成府路 205 号　100871
网　　　址	http://www.pup.cn　新浪微博：@北京大学出版社
电 子 邮 箱	zpup@pup.cn
电　　　话	邮购部 010-62752015　发行部 010-62750672　编辑部 021-62071998
印 刷 者	三河市北燕印装有限公司
经 销 者	新华书店
	730 毫米×1020 毫米　16 开本　13.75 印张　191 千字 2023 年 5 月第 1 版　2024 年 1 月第 2 次印刷
定　　　价	59.00 元

未经许可，不得以任何方式复制或抄袭本书之部分或全部内容。
版权所有，侵权必究
举报电话：010-62752024　电子邮箱：fd@pup.cn
图书如有印装质量问题，请与出版部联系，电话：010-62756370

前　言

　　从 2015 年夏天开始写作本书,转眼间已经过了七年。这是我第一次写中文书,写书的过程比我想象中艰巨,其中遇到的困难真不少:从最基本的中文输入,到资料的寻找与更新,都面临种种的挑战。最近几年,中国的城镇化也有不少变化,新的材料不断出现,第七次全国人口普查的主要数据已经出来了,所以我在最后几章中补充了不少新的资料,2021 年我重写了第六章。

　　中国的城镇化是我长期研究的题目。因为户籍制度与城镇化有密切的关系,所以户籍制度也进入我研究的范围。本书论述的是人口城镇化,和人口迁移息息相关。我出生于广东的农村,童年在汕头市度过,后随母迁移去了香港,在香港上学、工作、生活,并在加拿大留学,最后定居美国。这些迁移流动及有关的个人经历(包括类似的"流动儿童""留守儿童"经历),以及在异地的生活、学习,对我研究城镇化、人口迁移有一定的启发与帮助。

　　本书概括了我近四十年来学术研究的心得,里面大部分的论点及分析已在不同的书籍及学术期刊上(主要是英语的)发表过,一般的中国读者可能比较难读到。本书把这些分散的论述串起来,补充和更新了一些材料,成为一本较全面系统地论述城镇化的著作。取"大国城民"为名,也沾了"大国"之光;"城民"是指城镇里的"民",本书的重点是放在目前近四亿的农民工及其家庭人口。

　　本书的分章结构安排如下:

　　第一章是总论,概括地阐述了中国城镇化的特殊性,城乡的大、小二元制,为以后的章节提供了必需的理论和背景。

　　第二章回顾了中华人民共和国成立后户籍制度的形成与发展过程,并分析了户籍制度与城镇化的关系,以及对社会、经济、家庭的影响。

第三章利用多年来收集到的数据分析了改革开放时期人口的迁移流动,以及近几年农民工群体的主要特征。

第四章汇总了多次人口普查的资料,包括从第三次全国人口普查以来的城市人口数据,解析中国城镇化策略及大中小城市发展的趋势。

第五章探讨在高速的城镇化、大规模人口流动中流动人口家庭完整性的问题,这是在具有中国特色的新型城镇化中一个突出且影响深远的问题。

第六章探讨城镇化政策与户籍改革的发展趋势及相关问题,使用第七次全国人口普查的数据,分析2014年以来实施新型城镇化规划及户籍改革方案之后的结果,并探讨推行差别化落户政策的影响、居住证能否解决户籍等问题。

第七章就具体如何深化户籍改革,使农民工及其家庭人口逐步全面市民化提出了我的建议。

本书还有附录三篇,是我(和合写者)在2013、2015年公开发表的文章,涉及的主要是美国的迁移历史与移民制度,可以作为研究中国户籍制度改革、城镇化等问题的参考。

本书最后的审改工作,是在新冠病毒疫情在全球暴发期间完成的,疫情严重地影响了大家的生活及工作等。在这一期间,编辑朱梅全先生辛勤不懈的劳动、详尽细致的编改工作,使本书的出版可以顺利完成,我由衷地感谢。北京大学出版社的彭松建先生也提出了宝贵的修改建议;学界友人王清芳、车蕾、李萌、李丽梅、杨夏夏也阅读了部分或全本的书稿,并提出了很好的意见,使我改正了书稿上的一些错漏;华盛顿大学东亚图书馆馆长沈志佳、馆员孙燕言热忱的专业服务,使本书可以用上不少新的材料;本书清样出来后,又蒙柴彦威审读,蔡昉、陆铭、任远百忙之中为本书写推荐语,这里一并表示感谢。当然,在漫长的学术生涯中,我也受益于很多良师益友的启发与帮助,教学的工作也使我经常有机会与年轻的朋友讨论问题,从而有新的收获,这里恕我无法把他们的名字一一列出。

  我还要感谢妻子及儿女长期的默默支持。在书稿最后修改的一个月，我们一家同在纽约市的布鲁克林区居住，享受家庭在一起的快乐。其中两周还住在日落公园小区，那里是华人移民的聚居地。看到那里移民家庭的生活状况及政府所提供的服务，使我对移民政策、家庭团聚的意义又有了进一步的体会。

  城镇化在中国还有广阔的前景，户籍改革也需进一步深化，希望拙作可以抛砖引玉，引起大家对这些问题作进一步的探讨和分析，使"流动"的中国，可以更快地迈向"落户"的中国。

陈金永
2022 年 11 月 10 日于西雅图

目 录

第一章　流动的中国：城镇化与制度安排　001
　一、中国城镇化的特殊性　003
　二、"大""小"城乡二元制　006
　三、行政区等级体制　015
　四、小结　018

第二章　户籍制度的建立、演变与作用　021
　一、导言　023
　二、改革开放前的工业化战略和户籍制度　024
　三、改革开放后户籍制度的变化　026
　四、户口的划分与管理　034
　五、"农转非"政策的改革　040
　六、户籍制度对社会经济的影响　043
　七、小结　050

第三章 人口迁移、流动与农民工：特征与趋势　　053
　　一、导言　　055
　　二、人口迁移、流动和农民工的统计指标　　057
　　三、1982—2015年的人口流动、迁移趋势　　061
　　四、2010—2018年农民工就业行业变化趋势　　062
　　五、省际人口迁移　　064
　　六、小结　　071

第四章 城镇化策略与大中小城市发展趋势、演变与作用　　075
　　一、中国的工业化与"不完整"城镇化　　077
　　二、城市人口统计指标　　081
　　三、大中小城市发展政策　　090
　　四、城市规模分布和增长速度　　093
　　五、大城市的流动人口和政策　　103
　　六、小结　　105

第五章 城镇化与家庭的完整性：流动人口子女的困境　　109
　　一、具有中国特色的人口群体：流动儿童和留守儿童　　111
　　二、流动人口子女面临的困境　　114
　　三、流动人口子女的统计数据和趋势　　118
　　四、留守儿童与农民工家庭的完整性　　124
　　五、地理分布与儿童随迁率　　126
　　六、小结　　135

第六章　城镇化政策与户籍改革：发展趋势与问题　　139
一、2014 年新型城镇化规划、户籍改革　　141
二、2010—2020 年城镇化、"两率之差"的趋势　　144
三、近年的流动儿童入学政策　　149
四、取消"农转非"，户籍还有用吗　　156
五、居住证是解决户口问题之道吗　　159
六、小结　　164

第七章　落户的中国：城镇化与户籍改革路线图　　169
一、导言　　171
二、户籍改革的成本与红利　　176
三、户籍改革的方案与时间表　　179
四、其他的配套改革措施　　185
五、小结　　188

附　录　　191
附录一　持单程票的迁徙者：看罗伦斯的"迁移系列"组画　　194
附录二　"外来"与未来：美国移民改革对中国户籍改革的启示　　200
附录三　美国的移民管理制度对中国户籍改革的启发　　205

第一章
流动的中国：城镇化与制度安排

一、中国城镇化的特殊性

随着中国过去四十多年的高速城镇化（也泛称为"城市化"），城镇人口占全国总人口的比重（即城镇化率），从1980年的20%发展到2020年的超过60%，其速度与广度，在世界历史上都是罕见的。21世纪中国的城镇化，更被诺贝尔经济学奖得主斯蒂格利茨（Joseph Stiglitz）认为与美国的数字技术革命一样，是改变人类生活的两大动力。中国的城镇化与世界经济的急速全球化和中国作为"世界工厂"的角色息息相关。与此同时，中国过去七十多年的经济发展是以国家推动高速工业化为主线，也形成了人类历史上最大的（而且非常特别的）人口"迁移"。所以，在中国工业化的进程当中，人口迁移和城镇化是两个复杂又高度相关的过程，反映了中国的"特色"。

中国的社会主义城镇化模式与世界一般的模式既有共通之处，也有不同的地方。相通的是，城镇化是由工业化推动，劳动力由土地密集型的农业部门向在城镇的工业部门转移。不同的是，中国的城镇化主要是由国家推动；更重要的是，中国的城镇化是在城乡二元制度之下进行的。在二元体制之下，近四十年的城镇化产生了一个庞大的特殊群体："农民工"及其家庭人口（如"留守儿童"），这在其他一些国家是没有的。

近代世界历史的发展经验表明，工业化解决了传统农业社会中就业不足的问题，也就是农村大量剩余劳动力的问题，这个问题在中国尤为严重。改革开放之前，中国存在的农村剩余劳动力估计约达两三亿人，目前中国还有为数不少就业不充分的中老年农村劳动力。工业化一个重要的任务，就是把这些就业不充分的农村人口转移到有就业机会的部门去，把他们的劳动力调动起来，加以利用。这个过程提高了劳动生产率，增加了国民收入，也推动了经济发展。同时，工业化也带来了城镇化。所谓城镇化，最终是让大多数传统的农村人口举家转移到城镇里面，从事非农生产，并在城镇里落户扎根，成为城镇居民。城镇化并不是简单的"农民进城"，而是借助工业化，转移农村劳动力，为（农村）人口提供一个提高自身生活（消费）水平的途径。与此同时，国家建立相应的法制、社会保障系统来配合并促进这种人口与劳动力转移。工业化与城镇化这两个过程同步进行，是现代化过程中的一个重要部分。这是一个"完整"的城镇化过程。

概括而言，在人类的生活中，无论是在农村还是在城镇，有三大必需的要素以维持长期生活：就业、住房、社会保障（见表1.1）。在传统的农业社会，这三大要素一般由家庭自我提供（或家庭继承），自给自足。在没有天灾人祸的情况下，农民可以在低水平下稳定生活。到了工业社会，农民脱离了土地，特别是在市场经济中，这三者的供应都会变得不稳定，市场往往难以完全提供，这就需要政府进行干预，提供一些社会福利。工业化让农民"流动"到城镇来，只是解决原来农村不充分就业这个最重要的"饭碗"问题，但还没有解决在城镇长期生活的其他两个方面：住房与社会保障。在市场经济下，城镇里的就业与农村种地不同，饭碗是没有长期保障的，因为非农的就业并非固定在自己的土地上自供自足，而是随着市场需求的周期而波动，有时因一些危机的出现甚至会发生大幅度波动。如2008年的金融危机，全球大概有几千万人丢掉了饭碗。新冠病毒疫情的发生，也使一些国家出现大量失业人口。为了保持社会安定，现代市场经济下的工业社会建立了社会保障制度，包括提供失业保险、对低收入人群的住房补助，以及提供养老退休金等等。

表1.1 城乡生活的必需要素比较

	农民（农村）	农民工（"不完整"城镇化的特征）	城镇居民（有本地户籍）（"完整"城镇化的特征）
就业	稳定但不充分，收入低	不稳定，且限于低层次	收入较高，不一定稳定
住房	稳定，自我提供	不稳定、低水平（完全靠市场）	靠市场及福利补贴
社会保障	低水平、不稳定（主要靠土地与子女）	低水平、不稳定（主要靠家庭及农村）	比较稳定（有基本的社会福利及保障）

为了建立一套全面的社会保障系统，很多国家用上三五十年甚至是上百年的时间。例如，美国的工业化、城镇化过程用了约一百五十年，可以看到最近几十年，全民社会保障中的医保问题在美国社会愈来愈突出，直接影响到社会与政治安定。美国在20世纪30年代经历了经济大衰退、严重失业之后，罗斯福总统开始建立一个覆盖全民的社会保障体系，包含失业保险、养老保险、低收入家庭资助、医疗补助四大方面。前三项加上老人的医疗补助、低保人口的补助，在60年代基本上已经完成。对于最后一项，2010年由奥巴马政府主导，美国国会通过了《平价医疗法案》[Affordable Care Act，俗称"奥巴马健保"（Obamacare）]，主要是通过政府的补助，覆盖5%—10%没有能力购买医疗保险又无法享受低保的人口。奥巴马政府的医改标志着美国全民基本社保系统的建立，但是这个过程仍然有反复。2017年特朗普上台之后，不断限制奥巴马的健保计划的实施，同年国会废除了《平价医疗法案》的一些条款，使部分人又失去医保。从20世纪30年代初到今天，美国用了近九十年的时间才建立起全民全方位的社保制度。中国现在在推进工业化、城镇化过程的同时，也要逐步解决这个问题。中国目前主要是城镇户籍人口享有基本的社保，农民与农民

工的社会保障还处于较低的水平。要达到全民都有基本社保的状况，还有很长的路要走。农民工虽然已经进入城镇，但是他们实际上不是真正的城镇居民。农民工的城镇化可以说是"不完整"的城镇化。

这里先要概括城乡二元制度，它是中国城镇化特殊性的主要根源。

二、"大""小"城乡二元制

20世纪50年代中期以后，中国城镇化最重要的一个特点是，城镇化是在国家的控制下进行的，长期为工业化的经济策略服务。与其他发展中国家不同，中国从50年代中期开始的城镇化，并不是以将传统农村人口中的大部分转变为城镇人口为目标。[①] 也就是说，中国实行的是"不完整"的城镇化策略，或者说是"半"城镇化或"低度"城镇化策略。国家的工业化策略是通过"剪刀差"的工农不等价交换，从农村和农民那里提取资源以发展工业；同时，控制城镇人口的增长，以节约工业化过程中的"城镇化成本"。[②] 这种苏联计划经济下的城镇化模式，研究苏联、东欧的社会科学家，如经济学家古斯·奥弗（Gus Ofer）、地理学家厄尔扬·绍伯格（Örjan Sjöberg）、社会学家伊万·塞莱尼（Iván Szelényi）等已有大量的论述。

中国这种城镇化得以推行，是基于制度（包括法律）保护、行政手段控制的城乡二元体制。正如经济学家厉以宁指出的："城乡二元结构自古有之，城乡二元体制却形成于上世纪五十年代，并逐渐成为

[①] 这一点从50年代国家如何处理城乡的关系中可以看到，如当时鼓励城市知识青年"上山下乡"。

[②] 参见〔美〕陈金永：《试析社会主义国家城市化的特点》，载《中国人口科学》1990年第6期。

计划经济体制的两大重要支柱之一。"① 中国计划经济体制的两大重要支柱包括：一是国有企业体制；二是城乡分割、限制城乡生产要素流动的城乡二元体制。这两个支柱支撑着计划经济体制的存在和运转。

中国认为国家仍长期处于社会主义初级阶段，破解城乡二元结构、消灭工农差别是长远的目标。从 50 年代初开始，中国为了追求高速度的工业化，实施以重工业为中心的发展战略，通过工农"剪刀差"，转移农业的剩余。这种战略必须依靠城乡二元体制来实施，城乡因而被割裂成为两个系统。从这时候开始，城市和农村逐步成为相互封闭的单元；生产要素的流动受到严格的限制；农民被束缚在土地上，城市居民和农民享有的权利、机会是不同的。

二元体制是这种工业化—城镇化模式的根基，户籍制度是其中的一个重要工具，其核心是户籍背后所包含的福利差异。社会学家孙立平称中国在 20 世纪 50 年代建立的二元结构为"行政主导型的二元结构"，以有别于第二次世界大战后其他第三世界国家中的城乡二元结构。② 城乡隔离的二元结构，是指城乡存在不同的经济、社会结构，它通过一套二元体制，严格控制了农村人口向城镇流动与迁移的结果。这种二元结构可以称为"大二元"，有别于其他第三世界国家普遍存在的刘易斯式的城乡"小二元"经济结构。两者之差别在于前者在一个国家内，通过法律、政治、行政等手段，实施城乡不同的体制与政策。维持这种二元结构的核心是城乡各有不同的社会、经济、政治待遇，并严控农村人口往城市的迁移流动。③ "大二元"制度覆盖政治、经济、社会所有方面，与"小二元"不同。"小二元"结构主

---

① 厉以宁：《城乡二元体制改革关键何在》，载《经济研究导刊》2008 年第 4 期。
② 参见孙立平：《断裂：20 世纪 90 年代以来的中国社会》，社会科学文献出版社 2003 年版，第 107 页。
③ 这种二元体制形成了一系列与户口性质相挂钩的城乡不同的政策，包括城镇居民粮油定量供应、劳动就业、人大代表选举、征集公民服现役、军人抚恤优待、义务兵退役安置、居民最低生活保障、计划生育、交通事故人身损害赔偿、居民养老保险、居民医疗保险、土地所有权和使用权、土地征收赔偿、社会抚养费征收、移民安置等 15 个方面。参见刘守英、曹亚鹏：《中国农民的城市权利》，载《比较》2018 年第 1 期。

要是指原来长期存在的城乡部门各自的技术创新速度差异所造成的二元结构，它反映的是工业化初期市场经济的一个自然的阶段，农村人口往城市迁移并没有受到法律禁止。[1]

为了推行高速工业化，国家在 50 年代固化了原来由市场经济所造成的二元经济，使农业（农村）成为可以获取资源的对象部门。在城乡二元体制之下，城市的工业部门被定为经济的重点部分，通过国有化成为国有企业，受国家的直接控制与管理，并获得强大的国家支持和保障。工业也是国家财政收入的主要来源（见表1.2）。国家为城镇职工和其家庭提供基本的社会福利和补贴，以维持工业部门内的

表1.2　改革开放前的城乡二元体制

经济系统	
工业	农业
• 重点优先发展部门 • 国有（包括土地） • 国家控制、资助与经营 • 通过"剪刀差"与农业的不等价交换来获取利润 • 国家财政收入的主要来源	• 非优先发展部门 • 集体所有（包括土地） • 靠自力更生 • 限定为城市提供低价的粮食生产者、工业资金的积累者和提供者
社会（根据户籍类别）	
城镇/非农业人口	农村/农业人口
• 受到国家的保护及控制 • 国家提供就业、住房和福利（如养老金） • 进入城镇、获取城镇户口受到严格的限制 • 行政级别较高	• 不能享受国家福利，受国家的控制较小 • 当地集体提供有限的福利 • 绑在土地和农业上，不允许外迁与流动 • 行政级别较低

资料来源：Kam Wing Chan and Li Zhang, The Hukou System and Rural-Urban Migration in China: Processes and Changes, *The China Quarterly*, Vol. 160, 1999, p. 831 (Table 3).

---

[1] 正如著名的托达罗模型（Todaro Model）所解析的，在"小二元"体制下，农民依然可以自由迁往城市，才会有托达罗（Michael Todaro）所描述的大量农民涌入城市所造成的"过度城市化"（over-urbanization）现象。See Michael Todaro, A Model of Labour Migration and Urban Unemployment in Less Developed Countries, *The American Economic Review*, Vol. 59, No. 1, 1969, pp. 138-148.

社会稳定。在五六十年代，尽管城镇职工的福利不是很高，但相对于当时的国家财政来说，仍然是负担较重，只能向小部分的城镇人口提供。从图 1.1 中可以看到，城镇户籍人口占总人口的比重，从 50 年代中期到 80 年代中期，一直维持在 15%—20%。

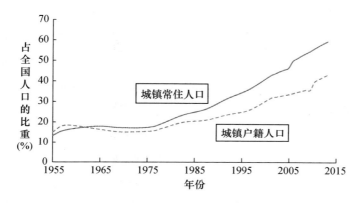

图 1.1　中国"城镇人口"的比重（1955—2015）
数据来源：国家统计局历年《中国人口统计年鉴》。

而约占总人口 85% 的农村（农业户籍）人口，则要为工业部门提供廉价的资源，包括原料、粮食、劳动力及资金。农业集体化等一系列措施的实施，使农民被束缚在土地上，不能离开农村，也不能拥有城镇人口所享有的机会，所以他们只能在农村务农，维持较低水平的生活。城市和农村各自成为相互封闭的单元，生产要素的流动受到严格的限制。这样，中国在原有的"小二元"经济结构的基础上，建立了一个大的二元体制，从而形成一个大的二元社会。同时，通过户籍制度，把这种"大二元"牢牢固定。

经济学家蔡昉指出，为实施"大二元"制度，国家需要"三件一体"的工具强制同步推行：① 一是用统购统销低价采购农产品；二是农村集体化（建立人民公社）；三是控制人口迁移的户籍制度。第一件是实施工农价格"剪刀差"的重要手段，使工农部门间的不等价交

---

① 他用"三驾马车"作比喻，参见蔡昉：《中国流动人口问题》，社会科学文献出版社 2007 年版，第 18 页。

换得以进行,而第二、第三件确保第一件可以成功执行。户籍制度是国家推行高速工业化战略的核心工具,是用强有力的机制来阻止农村户籍人口自发流动、迁移到城镇。

20世纪50年代初期,人口的城乡流动和自由迁移是不受限制的,1957年以前城镇人口增加的总量中,有六成由农村向城镇的迁移构成。[①]但从50年代中期起,政府就开始采取措施遏止农村人口外流。1958年1月9日,全国人大常委会通过了《中华人民共和国户口登记条例》(以下简称《户口登记条例》),建立了一个控制人口流动、迁移的全面户籍登记制度。《户口登记条例》第10条第2款规定:"公民由农村迁往城市,必须持有城市劳动部门的录用证明,学校的录取证明,或者城市户口登记机关的准予迁入的证明,向常住地户口登记机关申请办理迁出手续。"这样,农村往城市的迁移就受到严格的控制。因此,在改革开放前,城镇化表现出强烈的"不完整"的特征,主要表现为城镇人口增长缓慢,城镇人口的比重处于较低的水平。尽管工业高速发展,但城镇化的水平到了1979年也只有19%(见图1.1),远远低于其他发展中国家的水平。由于城乡经济社会的分割,农村人口不能向城镇迁移,堵塞了农村剩余劳动力的出路,严重阻碍了农村地区的经济发展。

20世纪80年代初期,人民公社开始解体,农村劳动力可以流动,到城里打工,解决了部分就业问题。目前,尽管中国的工业化已进入中后期(农业增加值占GDP已低于10%),四十年来城镇化的速度提高了不少,但常住人口的城镇化率(约60%)仍然相对滞后。更重要的是,在这约60%的城镇常住人口中,有大量是没有城镇户籍的流动人口或农民工,不能享受普通城镇居民的福利和权利,也较难在城镇定居。这种长期"人户分离"的现象,是改革开放时期"不完整"城镇化的主要产物,也是在中国特殊的行政主导型城乡二元体制之下

---

① See Kam Wing Chan, Rural-Urban Migration in China, 1950-1982: Estimates and Analysis, *Urban Geography*, Vol. 9, No. 1, 1988, p. 62 (Table 2).

独有的。

中国"农民工"（指外出的农民工，不包括在当地乡镇企业就业的农民）的数量非常庞大，从20世纪80年代早期的两三千万增加到2020年的近1.7亿。如图1.1所示，改革开放后，城镇常住人口占总人口的百分比与城镇户籍人口占总人口的百分比的差距①逐年扩大，表明城镇雇用农民工的现象越来越普遍。许多城市存在大量的非本地户籍人口的现象。以上海市为例，根据第六次全国人口普查（即"六普"）数据，2010年上海常住人口已经达到2,300多万，但户籍人口只有1,400多万，刚达六成。农民工为中国乃至世界的企业提供了大量的廉价工业劳动力，使中国一跃成为"世界工厂"。在"世界工厂"中心的珠三角，也是改革开放经济发展模式的典范，就有上千万农民工。珠三角的例子清楚地展示了外来劳动力、户籍制度和"世界工厂"之间密切的关系。也可以说，中国的城镇化是以农民工为基础的城镇化。

户籍制度下，农民工的迁移或者说农民工的城镇化表现为两个方面：一方面允许农村劳动力跨区域流动，另一方面他们大部分不能在工作、居住地落户，从而得到相关联的福利。换句话说，农村人口可以"流动"到城镇打工，但只能落脚，不能落户，不能享受城镇居民所拥有的服务和福利。长期以来，在城市中，农民工比较多从事的是粗苦脏累的工作，难以获得较好的工作岗位，且在实际工作中还面临一些直接和间接的歧视。

我曾在一篇社评中说，农民工"虽在城市，但不属于城市"。"不属于城市"也解释了为什么中国农民工的工资比较低。农民工的低工资，是使"中国价格"相对比较低的主要原因。不仅企业和政府的直接劳动力成本较低，而且企业与政府不需要负担"间接劳动成本"，也就是"劳动力社会再生产成本"（即社会为劳动力提供住房、养老

---

① 这一差距也叫"两率之差"，指"常住人口城镇率"与"户籍人口城镇率"之差。

保障以及为未来的劳动力成员的教育和养育所支出的费用）也很低。劳动力的社会再生产费用，主要是由农村或者由农民工家庭负担。这种主要由家庭和农村负担的"社会供给"制度，使雇用农村劳动力的成本很低，而这也正是通过二元体制来实现的。但有意思的是，虽然农村劳动力可以外流，但农村户籍人口是不能脱离农村的"社会供给"制度的，包括以前在长时间内要负担农村的各项税费、义务劳动；孩子的教育主要在农村完成，这也给"留守儿童"的出现提供了前提。社会学家乔万尼·阿里吉（Giovanni Arrighi）把这种模式称为"没有剥夺土地的资本积累"（accumulation without dispossession）的增长模式①，这种增长模式有异于地理学家大卫·哈维（David Harvey）所讲的新自由主义"剥夺土地的资本积累"（accumulation through dispossession）模式②。

2008—2009年全球金融危机严重冲击中国的出口行业，农民工及其家庭是受损严重的群体之一：约有两千万农民工失去了工作岗位，被迫回乡，③ 失去工作的经济损失主要由农民工个人及其家庭来承担。在二元体制下，农民工的流动，可以很好地为中国作为世界低成本工业生产国的经济战略服务。同时，二元体制也推迟了"刘易斯转折点"的到来，使企业和政府可以有更长的时间使用低廉的农村户籍劳动力。④

表1.1概括了在"不完整"城镇化模式中农民工面临的困境：他们脱离了土地，到城镇干粗苦脏累的工作，却缺乏在城镇长期生活的其他两个必需要素（即住房与社会保障）。制度的安排是让农民工在城镇就业，但住房、社会保障仍然留在农村。用学者秋风的话说：

---

① See Giovanni Arrighi, *Adam Smith in Beijing: Lineages of the Twenty-first Century*, Verso, 2007.
② See David Harvey, *A Brief History of Neoliberalism*, Oxford University Press, 2005.
③ 《陈锡文：约两千万农民工因金融危机失去工作返乡》，http://news.cctv.com/china/20090202/104044.shtml，2021年12月25日访问。
④ Kam Wing Chan, A China Paradox: Migrant Labor Shortage Amidst Rural Labor Supply Abundance, *Eurasian Geography and Economics*, Vol. 51, No. 4, 2010, pp. 513-530.

"(农民工)只能把自己的劳动力带出来,包括他的家庭,还有他作为公民的大部分的身体,都被留在了乡村。"① 也就是说,只有作为劳动力的那部分可以带到城镇。这个明显是不合理的,也难以长期维持下去。因为农民工没法在城里以非常低的生活水平长期待下去,特别是过了青壮劳动力这一年龄段,农民工也要成家,往往不得不返回农村,或是把子女留在农村,从而造成大量的"缺损核心家庭"。② 深圳人口的年龄分布是一个好的例子(见图1.2),清楚说明了城市与

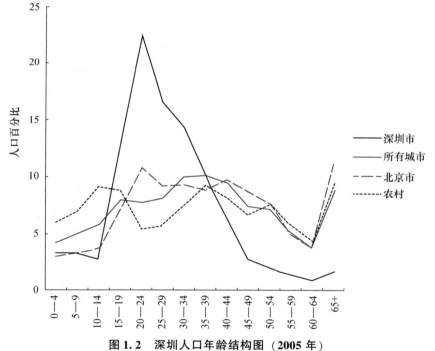

图 1.2 深圳人口年龄结构图（2005 年）

数据来源：国务院全国1%人口抽样调查领导小组办公室、国家统计局人口和就业统计司编：《2005年全国1%人口抽样调查资料》，中国统计出版社2007年版。

---

① 秋风：《中国城市化模式的文明论批判》，http://www.hybsl.cn/zonghe/zuixinshiliao/2010-09-17/22410.html，2021年12月25日访问。

② 参见王跃生：《中国当代家庭结构变动分析——立足于社会变革时代的农村》，中国社会科学出版社2009年版，第233—270页。本书第六章详细分析了农民工家庭成员分离的情况。

农村人口存在的不等价交换问题。自1980年开始，尽管经过二十多年的高速发展，到了2005年，深圳人口依然"青春常驻"，超过50%的人口仍是处于15—30岁这个年龄段。已故的社会学家陆学艺先生曾一针见血地指出，现行的农民工制度是让农村把青壮年劳动力输送到城镇，而城镇却把劳动后伤残病弱者、老年者退还到农村，同时抚育子女、赡养老人等负担也由农村承受。① 有论者也指出，这些是产生"不稳定的城市化"的根源，② 这种农民工"半城镇化"、不放弃农村土地的模式也浪费了大量的农村土地资源。

　　城乡二元体制的制度设计，压低了农民的劳动力价格，同时提取了农民土地上的利益。经过20世纪50年代的农村集体化，农民集体土地的实际控制权是在国家的手里。③ 改革开放前，工业化和城镇化水平都很低，农地转化为城市工业用地的需求不大，农村土地的价值是非常有限的，所以农民对于征地没有什么抗拒。土地被征用后，农民一般可以获得城镇户籍，对此农民是欢迎的。然而，随着出口工业化在改革开放后的迅速发展，中国在过去四十多年扮演着"世界工厂"的角色。对工业发展的需求，使得农村土地征收情况增多，也逐渐为地方政府的财政资金提供了来源。④ 与此同时，不断扩大的城市中产阶层与房地产投机现象的出现，推动了城市房地产业的迅速扩张与对住房和商业用地的需求。另外，近十多年来，国家导向的投资驱动型发展也进入了一个新的阶段。2008年全球金融危机发生后，城市基础设施投资纷纷上马。新的经济格局把城市建设作为国家发展模式

---

① 参见陆学艺：《农民工体制的种种弊端》，http：//www.360doc.com/content/061123/14/2311_269470.html，2021年7月13日访问。

② 参见檀学文：《不稳定城市化——农村留守和流动儿童视角的城市化质量考察》，中国社会科学出版社2013年版，第20—48页；黄奇帆：《新〈土地管理法〉的实施必将推动中国城市化和农村现代化更好地发展》，http：//www.china-cer.com.cn/guwen/202005155012.html，2020年5月26日访问。

③ 参见李凤章：《通过"空权利"来"反权利"：集体土地所有权的本质及其变革》，载《法制与社会发展》2010年第5期。

④ 参见温铁军、朱守银：《政府资本原始积累与土地"农转非"》，载《管理世界》1996年第5期。

的中心，征收农村土地后再出让得到的收入，成为一些地方建设的重要资金来源。此外，2006 年提出"建设社会主义新农村"后，一些农村用地"农转非"，成为建设用地。

本来，在市场经济下，城市和工业用地需求量的大幅度增长，对于城市周边的农民来说，意味着会有巨大的收益。但是，情况并非如此。虽然中国的市场经济已发育了不少，但是农村的土地市场并没有建立起来，这个情况直至最近几年才有些变化。从 20 世纪 80 年代开始，部分地方政府以"公共利益"的名义，征用农村的土地作为城市用地，但主要是以农地的价值而不是以市场价值补偿农民。虽然农民集体依法是一定地域范围内的土地的所有者，但农民并不能够依照自己的意愿使用或转让土地，农民也不能拒绝国家对土地的征用。改革开放之后，农村集体所有制仍然存在，农民家庭不能拥有土地的产权，在使用或出让土地的价值上效果不明显。征收农村土地以及随后的土地出让形成的收入，是一些地方政府最重要的财政收入。这些资金使地方政府在过去近二十年中能够大规模搞城市建设。近年来，农民越来越意识到自己的权利，以至于征收农地时出现了一些社会群体事件。近几年中央政府的文件一再重申，农村的集体所有制是根本性的，今后一段时间内不会改变。这意味着二元体制的基本局面依然会存在一段时间。

三、行政区等级体制

中国城镇化的特殊发展道路和行政权力及其运行相关制度有密切的关系。城乡二元体制加上行政区的等级体制，使得城镇化发展具有一种行政导向。行政区制度固然是继承了中国历史上长期中央集权的管治传统，同时也是模仿苏联的集中式、实行计划经济的结果。这种经济体系是依据国家的行政命令运行的，即所谓从上而下的管理。因此，经济体系与政府的行政系统基本上是一致的。由于政府系统是在中央集权下由不同等级层次、不同权力的地方政府组成，每一级政府的权力、财政分配都不同，但都要服从上级。① 这种行政区等级体制同时也是政府的等级权力体制，里面最关键的，当然是财政分配的等级体制。

按照宪法，中国实行的是省、县、乡的三级区划体系，但在实践中实际形成了省、地、县、乡的四级区划体系。其实，真正的实际情况要比这个复杂得多，还有不少处于两级间的行政单位，如单列市、副省级市等等。② 在这种从上而下的体制设计中，行政级别高的地方政府（省级、地级），自然可以得到或被分配到比级别低的地方政府（县级、乡级）更多的（人均）财政资源，这是一种"倒挂"的公共财政制度，就如图1.3右边两个相反方向的三角形所示。级别高的城市（大城市），数目虽然不多，人口占的比重小，但是却拿到更多的

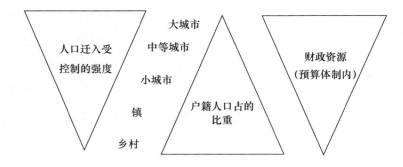

图1.3 行政级别、财政分配体制与迁入受控制的强度示意图
资料来源：Kam Wing Chan, The Chinese Hukou System at 50, *Eurasian Geography and Economics*, Vol. 50, No. 2, 2009, p. 214（Figure 2）。

---

① 参见江艇、孙鲲鹏、聂辉华：《城市级别、全要素生产率和资源错配》，载《管理世界》2018年第3期。

② 参见刘君德主编：《中国行政区划的理论与实践》，华东师范大学出版社1996年版，第66—92页；Kam Wing Chan, Urbanization and Urban Infrastructure Services in the PRC, in Christine Wong (ed.), *Financing Local Government in the People's Republic of China*, Oxford University Press, 1997, pp. 83-126.

人均财政资源，人均社会福利水平较高；相反，小城镇与农村人口庞大，占的比重大，得到的却不多。国家的公共财政原本应起到维护地区均衡再分配的作用，但行政区等级体制的存在却消减了这种作用。另外，人口迁入受控制的强度，大致上是跟城市的级别成正相关。

国家的财源、人力资源、投资也集中在行政等级高的地方，这也使得不同地方，由于级别不同，公共福利的供给存在不小的差异。行政区等级体制与城乡二元体制也相结合。在行政区划体系里，城市部门的核心部分是在省级与地级区域，农村的核心部门主要在县级及以下，大部分在乡级。

在这种制度安排下，不同的人，由于户籍所在地不同，所能得到的公共福利也不尽相同，城乡之间的差异是显而易见的。举一个例子，每一个儿童，可以从政府得到的教育经费，城乡有巨大的差距。已故的著名人口学家刘铮曾做过一项估算，在1979年，一个城市的儿童从怀在母胎到16岁，拿到国家的财政补贴是2,217元，农村只有434元，市：村票面值之比是5.1：1（见表1.3）。之所以有这样的差距，小部分是由于城乡价格不同所造成的，但大部分则要归咎于城乡不平等的二元体制。例如，幼托费的补贴，政府只给城镇居民，农村户籍人口则没有；城市建设的支出，农村也没有。

表1.3 劳动力再生产（劳动力培育）费用（从怀在母胎至16岁）（1979年）

项目	支出费用(元)			比率		
	市	镇	村	市：镇	市：村	镇：村
国家支出：						
孕期检查、生育费	40	15	5	2.7	8.0	3.0
国家补贴幼托费用	178	89	0	2.0		
产假工资	78	78	15	1.0	5.2	5.2
国家补贴每个中小学生经费	560	550	365	1.0	1.5	1.5
医疗费补助	241	241	49	1.0	4.9	4.9

（续表）

项目	支出费用(元)			比率		
	市	镇	村	市:镇	市:村	镇:村
城市建设投资	480	0	0			
城市建设维护费	640	0	0			
小计	2,217	973	434	2.3	5.1	2.2
家庭支出：						
生活费	4,224	3,466	1,100	1.2	3.8	3.2
医疗费	240	240	24	1.0	10.0	10.0
学杂费	225	150	72	1.5	3.1	2.1
小计	4,689	3,856	1,196	1.2	3.9	3.2
合计	6,906	4,829	1,630	1.4	4.2	3.0

资料来源：刘铮：《人口理论问题》，中国社会科学出版社1984年版，第191页（表2）。

在城镇内部、乡村内部也存在明显的差异，特别是在城市体系内部，大城市、中等城市、小城市、乡镇之间都存在差异。这样，户籍在等级较低地方的人们都会想往等级较高的地方去。这种不平衡的状况，没有行政（如户籍等制度）手段的调控，是难以维持的。对此，国家需要采用一系列的手段，不光要阻止从农村往城镇的迁移流动，也要控制人口从小城市往大城市的迁移流动，户籍制度就成为控制这种压力的最重要的工具。目前，大城市人口的迁入仍然受到严格控制。一些小城市、小城镇由于提供的福利有限，人口的迁入可以开放，控制度是最小的，就如图1.3左边的三角形所示。对这个问题，本书第四章将再作详细分析。

四、小　　结

在改革开放之前，中国采纳了苏联式的计划经济的模式，国家基本上全面控制了整个经济系统，原来长期存在的传统城乡二元经济结构，逐步演变成为城乡隔离的"大二元"体制，生产要素、人口的迁移流动都受到严格的限制。行政区等级体制是国家掌控地区经济的重要一环，也是财政资源分配的机制。

改革开放之后，中国在生产、人口流动、消费等方面的情况有很大的改变，但体制上仍然没有完全脱离原来的城乡二元体制框架。2013年，中共十八届三中全会指出："城乡二元结构是制约城乡发展一体化的主要障碍。必须健全体制机制，形成以工促农、以城带乡、工农互惠、城乡一体的新型工农城乡关系，让广大农民平等参与现代化进程、共同分享现代化成果。"① 目前城乡不均衡的格局，也给城镇化发展带来一定的不稳定性和脆弱性，本书将在以后的章节进一步展开分析。

 延伸阅读

> 1. 蔡昉、都阳、王美艳：《劳动力流动的政治经济学》，上海三联书店、上海人民出版社2003年版。
> 2. 〔美〕陈金永：《中国要走正常城镇化道路》，http：//m.china.caixin.com/m/2010-12-08/100205422.html，2021年12月30日访问。
> 3. 郭书田、刘纯彬等：《失衡的中国（第一部）》，河北人民出版社1990年版。
> 4. 唐茂华：《中国不完全城市化问题研究》，经济科学出版社2009年版。

---

① 《中共中央关于全面深化改革若干重大问题的决定》，http：//www.gov.cn/jrzg/2013-11/15/content_2528179.htm，2021年5月4日访问。

5. 王颂吉:《中国城乡双重二元结构研究》,人民出版社 2016 年版。

6. Kam Wing Chan, *Cities with Invisible Walls: Reinterpreting Urbanization in Post-1949 China*, Oxford University Press, 1994.

7. Kam Wing Chan and Yanning Wei, Two Systems in One Country: The Origin, Functions, and Mechanisms of the Rural-Urban Dual System in China, *Eurasian Geography and Economics*, Vol. 60, No. 4, 2019.

8. Gus Ofer, Industrial Structure, Urbanization, and the Growth Strategy of Socialist Countries, *The Quarterly Journal of Economics*, Vol. 90, No. 2, 1976.

9. Jieh-min Wu, Migrant Citizenship Regimes in Globalized China: A Historical-Institutional Comparison, *Rural China: An International Journal of History and Social Science*, Vol. 14, 2017.

10. Li Zhang, *China's Limited Urbanization: Under Socialism and Beyond*, Nova Science Publishers, 2003.

11. Kam Wing Chan, In the City, but Not of the City: The Myth of China's Urbanization, 16 July, 2011, https://www.chinausfocus.com/society-culture/in-the-city-but-not-of-the-city-the-myth-of-chinas-urbanization, visited on 2021-12-26.

12. Alexandra Harney, *The China Price: The True Cost of Chinese Competitive Advantage*, Penguin, 2009.

13. Julia Chuang, Urbanization Through Dispossession: Survival and Stratification in China's New Townships, *The Journal of Peasant Studies*, Vol. 42, No. 2, 2015.

第二章
户籍制度的建立、演变与作用

一、导　　言

　　上一章谈到 1949 年后中国城乡的发展模式具有自己的特点，户籍制度是其中一个重要的部分。户籍制度往往被一些论者认为是中国独有的，但严格来说并不是，有些国家也实行类似的户口登记，比如越南与朝鲜也实行限制迁徙自由的户籍制度。这些控制人口迁移、不同地域的人享受不同的福利待遇的户籍制度，有其共同的起源：苏联的居住登记制度。① 这种登记制度是苏俄式计划经济系统、工业化战略中的一个重要部分。中国、越南、朝鲜都在 20 世纪五六十年代建立计划经济，同时也建立了这种户口登记制度，有些东欧国家也曾实行这种制度，以控制人口迁移。

　　户籍人口登记在中国有悠久的历史，在 1949 年以前，户籍登记主要是政府为了征收贡赋、征兵所进行的人口统计。在某些特殊政治动荡、战争时期，政府也会用户籍来控制人口的流动迁移。但在和平时期，户籍一般不会用来限制人口的迁移及流动。在民国时期，户籍制度也存在，但没有用来控制人口迁移，基本上只是一种人口登记

---

① See Mervyn Matthews, *The Passport Society*: *Controlling Movement in Russia and the USSR*, Westview Press, 1993；王海光：《移植与枳变：中国当代户籍制度的形成路径及其苏联因素的影响》，载《党史研究与教学》2011 年第 6 期。

制度。

本章主要是概括1949年以来户籍制度建立的历史及变化,阐释具体政策及操作的措施,并分析户籍制度对社会、经济、地域、家庭的影响,为以后几章提供必要的背景材料。①

二、改革开放前的工业化战略和户籍制度

1951年,中国户籍制度首先在城镇恢复,主要的功能是人口登记,目的在于维护社会治安。1954年扩大至全国,包括农村,主要用来掌握人口数量的状况。也就是说,户籍制度在建立之初,主要是作为人口登记之用。虽然1953年已有不少农民流入城市,当时的政务院也发出指示,要劝止农民入城,但在1954年中国颁布第一部宪法时,还是规定"中华人民共和国公民有居住和迁徙的自由"。可以这样说,20世纪50年代初,城乡之间流动、迁移仍然相对自由,对农村迁往城市者的门是相对开放的。

然而,随着50年代的农业合作化的推行,外流进城的农民不断增加,并开始对城市造成影响。1955—1957年,中央与地方政府开始采取一些措施,拦阻农村劳动力"盲目"流入城市,如在全国主要交通站点拦截外流农民。随着截流措施的不断升级,全国人大常委会于1958年1月通过了《户口登记条例》。该条例建立了全面的户口管理制度,授予国家机关控制人口迁移的权力,并且通过签发迁移证、征兵和上学证明等一系列措施,开始对人口自由迁移实行严格限制,要迁徙的人一般只能按照当时国家的分配迁移到某地;同时,城乡居民

---

① 本章主要取材自下列两篇论文,并补充了新的材料和分析:Kam Wing Chan, The Chinese Hukou System at 50, *Eurasian Geography and Economics*, Vol. 50, No. 2, 2009, pp. 197-221;Kam Wing Chan and Li Zhang, The Hukou System and Rural-Urban Migration in China: Processes and Changes, *The China Quarterly*, Vol. 160, 1999, pp. 818-855。原文有关历史部分的文献注释较多,这里不再一一列出。

也被区分为城乡两种不同户籍("农业户口"和"非农业户口"),享受不同的待遇。另外,每一户都要有"户口登记地",固定在一个地方,成为当地的"常住人口"。可以说,1958年是迁徙制度由"半自由"变为"全面控制"的转折点。

然而,《户口登记条例》颁布后不久,全国就开始了"大跃进"运动。当时的首要任务是大力加快工业的发展,城市企业招收了大量的农村劳动力,使原来要控制人口迁移流动的措施无法实行,由此导致了1958—1959年大量人口迁入城市。1961年中央提出要精简城镇人口,1964年国务院批转了《公安部关于处理户口迁移的规定(草案)》,从而建立了一套严格的迁移管理制度,成为贯彻计划经济工业化战略的重要组成部分。正如第一章指出的,执行这一战略,国家需要"三件一体"的工具强制同步推行:统购统销、农业集体化及户籍制度。户籍制度是国家推行高速工业化战略的核心工具,旨在防止计划外的农村户籍人口迁移到城镇。

这种工业化战略导致形成了城乡二元体制。在市镇,形成了城市社会,其成员在重点的、受保护的工业部门工作,能够获得一定的(至少是基本的)社会福利。在农村,形成了农民社会,农民被限制在土地上耕作,除了养家糊口外,还要为工业部门、城市居民做贡献(如提供低廉的农产品、劳动力等)。改变户籍,即从农业户口转为非农业户口,亦即"农转非",受到严格的控制,一般只有在国家需要时才会被批准。户籍制度除了限制人口及劳动力由农村向城市迁移流动,还将农村人口基本上排除在国家供应和社会福利等之外。禁止农村人口外流,连同其他一系列相关制度措施,如公社制度、农村土地制度(土地不能"农转非"),将农民限制在农村里。

1958—1976年,国家对农村人口向城市迁移一直实行严格控制,国家批准的户籍转移的种类,从农村到城镇的,主要是招工、上大学、征兵;从城镇到农村的则是知识青年"上山下乡"与干部"下放劳动"。1964年《公安部关于处理户口迁移的规定(草案)》明确列出了处理户口迁移的原则。其中，严加限制的迁移主要为：从农村迁往城市、集镇，从集镇迁往城市。此外，从小城市迁往大城市，从其他城市迁往北京、上海两市的，也要适当限制。关于大中小城市人口发展及控制的问题，第四章将作详细分析。

三、改革开放后户籍制度的变化

1. 民工潮和"世界工厂"

改革开放之前，除了国家批准的户籍转移，自由的迁移流动被严格禁止。20 世纪 80 年代初，人口开始可以流动，且人数不断上升。表面上看，中国的国内迁移政策有了很大变化，但实际上并非完全如此。

从 80 年代初开始到 21 世纪第一个十年后期，大约已有两亿多的人口从农村"迁移"到城镇[1]。有论者称这为"世界上最大的移民潮"（world's largest migration[2]）。从数量来讲，这是对的。但是，如果看迁移的质量，这个值得商榷。因为，在中国，这两亿多人口并不算是"迁移人口"，而只是算"流动人口"。"迁移人口"在官方用语中是指有户口迁移的人口；"流动人口"则是指没有当地户籍的人口，大多数不能长期居留在目的地。在公安系统的用语中，流动人口是指没有当地的"常住户口"[3]的人口。

这两亿多"移民"大部分是属于没有本地户籍的人口。从严格的定义上看，他们不算是移民，只能算是临时的居民，有些人甚至称他

---

[1] 2021 年发布的"七普"数据表明，2020 年的流动人口已达到 3.75 亿，大部分在城镇，见第六章。

[2] 英语的"migration"是指迁移。在有些国家，因为没有国内迁移的限制，"流动"与"迁移"没有法理上的分别，统称为"migration"。"流动人口"在目的地住上一段时间，也就是"迁移"了。"流动人口"也称为"migrants"。

[3] 这个不要与国家统计局所用的"常住人口"概念混淆，参阅第四章第二部分。

们为"流民"。尽管他们改变了"通常居住"①的地方,但仍不算是本地居民,不能享有本地居民的权利。流动人口使用流入地的公共服务、福利及其他权利等都受到一定的限制。在世界其他一些国家,国内移民不只是人口在"空间上的移动"或流动,新来的人口居住上一段时间(从几个月到一年)后,通常可以在目的地定居、"落户",变成本地居民,并且逐步获得社会福利。

在中国,国内迁移的两个组成部分是分拆开的,即人口可以流动到某个地方,但在制度上排除他们享受流入地的社会福利。② 这种分拆的情况,在世界其他一些国家主要是被用在国与国之间的人口移动(国际移民)上。外来的劳动者可以来"落脚"工作,有些甚至在当地工作多年,但不能"落户",不能享受当地的社会福利,这可以说是中国城镇化的一个特点。

20世纪70年代末,中国开始改革开放,户口制度所依托的社会经济体制也有所变化。在改革开放初期,户口迁移(包括流动)严格控制的政策与过去基本上差不多,政策的口子是稍微放开一点。随着人民公社的解体,家庭联产承包责任制在农村全面推行,大量农村剩余劳动力的问题很快就凸显出来了,需要将他们转移到别的生产部门去。农村社会经济的重大变革对原有的户籍制度造成了一定的压力,促成了一些变化,出现了一些新的户口类型。同时,城市建设和第三产业的迅猛发展也对劳动力的需求越来越大,给引进农村的劳动力提供了条件。随着市场经济的发展,人口流动性的增加,越来越多的农民流动到户口登记地之外的地方打工,对传统的户口登记制度形成新的挑战,促使政府调整户籍政策。80年代初先是出现了小城镇"自理口粮户";80年代后期随着出口工业的大力发展,出口加工区需要大量的农民工,大城市的城门开始也打开了一点,农民被允许到大城

---

① 即英语中的"ordinarily resident",常被一些国家的地方政府用作界定本地"居民"的标准。

② 参见蔡昉:《劳动力迁移的两个过程及其制度障碍》,载《社会学研究》2001年第4期。

市暂住打工，让他们有合法暂住的"身份"。这使原来以农民工作为补充城市劳动力的临时措施，在 90 年代逐渐发展成为常态，因应中国走"世界工厂"的道路，农民工逐步成为中国经济发展战略的一个重要组成部分。

2. 小城镇的户口制度改革

在 20 世纪 80 年代早期，人民公社解体之后，农村的劳动生产率大大提高，农村迅速出现了大量的剩余劳动力。许多地方政府开始放松农民向小城镇迁移的限制。1984 年 11 月，国务院给农民进城开了一个口子。只要满足一定的条件，农民就可以拿到一种新类型的户口，叫作"自理口粮户口"。它的主要对象是本地（附近）务工或经商的农民，并在镇上有自己的住所，但他们的粮食自理。国务院将持这种类型户口的人口统计为"非农业人口"，尽管他们并非真正的非农业户籍人口，因为他们还是要自理口粮，没有改变原来跟国家的粮食（福利）关系。

"自理口粮户口"让农民有合法的权利离开土地并进入城镇，但是持此类户口的人口不能获得国家的福利，也不能凭此特定小镇的户口进入其他城镇。同时，迁入镇者要放弃他们原来在农村的土地。在 20 世纪 80 年代，这种类型的户口对一些农民工有一定的吸引力，因为正规的"农转非"的门对他们几乎是完全封闭的。到 1988 年，"自理口粮户口"的人口总数已经达到了 400 万。可是，到了 80 年代后期，可以在城镇居住的其他途径逐步增加，甚至也不需要什么登记，"自理口粮户口"也就失去了吸引力，在 90 年代早期，这一政策被取消了。

20 世纪 90 年代末和 21 世纪初，许多县级市（有些原来是镇）和镇也放松了户口的限制。国务院在 1997 年批转了公安部的政策文件《小城镇户籍管理制度改革试点方案》，允许 450 个试点镇和县级市的建成区给符合条件的持农业户口的人口办理城镇户口。同时，一些省级政府选择一些小城市和镇进行经济和基础设施开发和财政创收试点。在这些试点城镇，持农业户口的人口如果有固定的非农业工作或稳定的生活来源，并有固定的住所，居住满两年以上，可以申请城镇常住户口。这个政策类似于"自理口粮户口"的安排，这些人的直系亲属也可以申请入户。在这些指定的城镇，申请到常住户口的人与城镇常住居民在教育、就业、社会保障与福利上具有同样的权利（尽管在这些试点地区相关福利并不多）。

2000年，小城镇户口进一步开放。中共中央和国务院发布《中共中央 国务院关于促进小城镇健康发展的若干意见》，要求促进小城镇健康发展，进一步改革小城镇户口制度。在2001年全国人大批准的"十五"计划中也包括了小城镇发展和户口制度改革。2001年，国务院批转了公安部《关于推进小城镇户籍管理制度改革的意见》。该意见正式将小城镇中不同类型的户口（如"自理口粮户口""蓝印户口"等）统一为城镇常住户口。农民进城后仍可以保留其承包土地的经营权，或依法有偿转让。

在这些规定的影响下，许多省及下辖地区制订了小城镇发展计划，并进行小城镇户口制度改革，包括北京、江苏、河南、山东、河北、浙江等。河南省被认为是这个领域改革的先锋，2003年11月我在该省作了一些调查。省政府的一个高级官员说，河南"基本上全面"向农民开放了小城镇户口，只要农民符合一定的条件（主要是有固定的谋生方式）。同时，还明文禁止另外收费，不得在教育、就业、参军等领域对这些新的户口居民有不同等的对待。在后来的实地访谈中我却发现，该省的开放小城（市）镇户口政策很大程度上还处在早期试验阶段。例如，在新乡市，政府制定一些规定，允许有固定谋生方式的外来人口定居，并给予新乡市城市居民户口。事实上，小城市开放户口的步骤并不如媒体报道所说的那样快。

3. 暂住证

在 80 年代初，中央政府开始下放部分财政权和行政权及相关职责给地方政府，其中就包括户籍管理。之后，地方政府逐步掌握了本地（行政区域）户籍人口增减（户口迁移）的"政策口子"，使得本来是国家（中央政府）全盘控制的户籍迁移指标，逐步下放到地方，进而使得原来具有在户籍转换中起关键作用的"农转非"政策及其实施也变得越来越不重要，并最后在 2014 年全面取消。

1983 年，武汉在地方首先出台了有关寄住证和暂住证等的户口办法，用来管理非本地户籍的工人。1985 年，公安部为全国所有的城镇制定了一个管理暂住人口的办法，即《公安部关于城镇暂住人口管理的暂行规定》。按照该暂行规定，年满 16 岁以上、在户口登记地以外的城市地区逗留超过三个月的人必须办理暂住证。根据 1958 年《户口登记条例》，外来人口在城镇逗留超过三天及以上，必须到当地派出所登记。如果逗留超过三个月以上，必须有合理的理由，并向户口机关申请延期。改革开放之前，城市招收临时工，招工单位与提供劳动力的公社之间必须有合同。任何农村自发性的劳动力流动都是被禁止的。上述新规定默许了从农村到城市的自发性劳动力流动，反映了政府认识到了新的经济现实，同时也使地方政府有权控制外来人口流动的规模。

到了 1995 年，暂住证制度也在农村实施，并将暂住期限降低为一个月。暂住证通常一年内有效，并可以延期。从 80 年代中期以来，几乎所有的省与城市政府都在其权限范围内制定了有关管理暂住人口的规定。申请暂住证的绝大多数人为农民工。当然，为了能在城市打工，他们必须完成烦琐的登记，提供各种证明文件（如工作许可证、计划生育证等等），并缴纳城市管理费及各类办证费。20 世纪末 21 世纪初，各地出台的有关暂住证的规定因地而异。例如，北京 2001 年有三种不同的暂住证，实行不同的暂住期限。根据公安部的估计，在 1995 年，全国大约有 8,000 万流动人口，其中 4,400 万有登记暂住户口。2002 年度（年中数），登记的暂住人口数为 5,990 万。到了 2014 年，这个数字达到了 1.8 亿。① 当然，也有一些流动人口并没有办理暂住证。对这些"无证"人口的罚款也成为地方政府"创收"的一部分。另外，实践中因没有暂住证而引发的司法案件，最为人熟知的就是 2003 年孙志刚事件。

4. 地方城市户口

随着中央政府进一步下放财政权和行政权及相关职责给地方政府，户籍制度管理上的做法也出现了变化。地方政府对其行政辖区内的户口迁移、非正式户口迁移的规模有了更多的控制权。在 80 年代末期，一些地方开始出台各种形式的"地方有效"的本地户口，用以增加地方财政收入。例如，在 80 年代末期，在安徽与湖南的一些县城出现了卖非农业户口的现象。中央政府一开始是反对这种卖户口的行为的（由于不占"农转非"的指标，卖小城镇"自理口粮户口"未被限制），但在 1992 年，中央正式认可了"本地有效"的城市户口这种新的户口类型。不同于正式的城市户口簿上面加盖红色的印章，这种新的户口簿上加盖的是蓝色印章，所以也叫"蓝印户口"。在公安部 1992 年颁布的《关于实行当地有效城镇居民户口制度的通知》中，有资格签发此种户口的地区是小城镇、经济特区、大城市的经济技术开发区等。到了 1993 年中，已有十个城市制定了相关政策，近九万人拿到了"蓝印户口"。1994 年初，上海也出台了相关政策。

根据《关于实行当地有效城镇居民户口制度的通知》，中央政府认可这种户口的原则是，"地方需要、符合地方利益、地方承担责任、地方有效"。能否获得"蓝印户口"，主要是根据个人对地方的"贡献"，比如按照投资额或教育水平来计算的，一些有资格获得非农业

---

① 参见公安部治安管理局编：《2014 年全国暂住人口统计资料汇编》，群众出版社 2015 年版，第 2 页。

户口，但因为受国家"农转非"指标的限制而不能获得正式的非农业户口的人（如被政府征地的农民、长期夫妻分居的人、在以前的政治运动中受迫害而后来获平反的人）可以获得"蓝印户口"。在中央政府制定的大的方针下，地方政府制定了自己的规定，实际的执行情况也因地而异。

"蓝印户口"不同于"农转非"的正式城市户口，不受国家"农转非"的指标控制，"蓝印户口"不给中央增加财政负担。"蓝印户口"的持有者要缴纳"进城费"。除了符合要求的条件外，申请者还要交一次性"城市增容费"。这种做法也可称为"户口商品化"。城市户口的商品化对那些有支付能力的人形成了一个市场。另外，城市户口的价格因地而异，并随时间而变化，很大程度上依赖于户口地的区位和行政级别，从几千元到几万元不等。城市的行政级别越高，户口的价格也越高。韩俊在1994年曾对户口价格作了如下一个概括：地级市户口，1万元以上；县级市户口，5,000元到1万元；县级以下的县城与镇户口，2,000元到5,000元。① 在那个时候，大城市户口的"价格"，上海市区约4万元，郊区约2万元，郊县约1万元。在广州城区，户口价格大约为2万—4万元。按每年成千上万人计，这是地方政府一笔相当可观的收入。在小城市，申请者一般只要交费便可获得"蓝印户口"；在大城市，如上海、广州、深圳，除了交费外还有其他条件。在那些具吸引力的城市，"蓝印户口"主要面向以下三类人：投资者、购房者、技术人才（后来又加入了应届大学毕业生）。

中央要求"蓝印户口"持有者与本地常住居民拥有同等的权利，但是实际上，他们更多被看成是"临时性"居民或"预备"居民。例如，在上海和深圳，"蓝印户口"持有者在拥有"蓝印户口"一定年限之后，并且有良好的"公民"行为记录（即无犯罪或无其他违反政策的行为），可以转换为正式的城市居民。根据《羊城晚报》1998年10月25日的报道，在当年3月，深圳有3.7万持"蓝印户

---

① 参见韩俊：《打破城乡分割》，载《视点》1994年6月8日，第6—11页。

口"者，其中 7,000 人转换为正式户口。

在中国，"蓝印户口"的形成是中国城市户口权利商品化"合法化"的重要一步，也是户籍管理地方化的重要开始。在 20 世纪 90 年代中央地方财政分权之后，地方政府有更大的自主权筹资，如出售城市户口。不过，中央文件一直不赞同出售城市户口和征收城市增容费的做法。

到了 1998 年，国务院批转了公安部《关于解决当前户口管理工作中几个突出问题的意见》，允许地方政府根据自己的情况来控制城市户口的规模，同意发给投资者城市户口，扩大"农转非"的途径。从 90 年代中期起，中国开始逐步取消"农转非"，并将管理城市户口的权力逐步放给地方政府。没有了"农转非"，农业、非农业户口的分类的作用减低，变成只有"本地"与"非本地"户口（根据户口所在地）之分。虽然在一些统计年报上仍然可以看到农业户口与非农业户口人口的统计，但实际上这种分类已经逐步失去其原来的意义。既然地方政府控制了城市户口的发放，"蓝印户口"也就没必要存在了，从 2002 年起，许多地方逐渐取消了"蓝印户口"。

近年与户籍改革紧密相关的，还有居住证这个从 90 年代末开始实施的措施。北京在 1999 年实施"工作居住证"，上海也在 2001 年推出"人才居住证"，其他城市后来也跟随。居住证的设计，原是针对具有高学历或者有专业才能而未能或不改变其户籍（或国籍），来本地工作或创业的国内外人员，让他们可以得到一些基本的公共服务，特别是公共教育（子女可以上学）。也就是说，居住证是发给流动人口中的一小部分具有高学历或专业资格的人口，而不是作为一般农民工的流动人口。在一些一线城市，居住证的种类繁多，分不同的等级，享受不同的公共服务。例如，在上海，最早的居住证是发给所谓"高档"的人群，还分 A、B、C 三类，① 一般农民工拿的是暂住证，后来取消了暂住证，又推出临时居住证，一般农民工需要领取临

---

① 参见李萌：《剖析居住证制度：属性、逻辑与效应》，复旦大学 2018 年博士论文。

时居住证（2018 年起又被取消）。但是，临时居住证基本上只是起登记的作用，享受不了什么福利。

居住证最近几年被官方认为是户口改革的一个重大突破点，2014 年发布的《国家新型城镇化规划（2014—2020 年）》提出，要在全国推行流动人口居住证制度，建立健全与居住年限等条件相挂钩的基本公共服务提供机制，作为户籍改革突破的重点，本书第六章将对此作详细分析。

四、户口的划分与管理

为了对 20 世纪 80 年代以来的户籍制度的变化，特别是"农转非"的改革有一个准确的判读及理解，我们要对户口划分、政策在操作层面的技术性细节、用语、含义等作清晰的定义和区分。准确地理解它们的用法、含义是弄懂近几年来户籍改革的作用的关键。由于中国"城市"的定义与城市地域的命名标准异常复杂，且经常变化，术语之中的细微差别很容易被忽视或混淆，导致了不少错误的理解与错判，尤其是关于户籍、城镇化、迁移和它们之间的关系，以及有关"农转非"的改革。

1. 户口划分的两大方面

20 世纪 50 年代户口制度建立起来之后，在实际的操作中，每个公民的户口是根据两个方面来界定的：一是户口性质；二是户口登记地。这种做法一直沿用到 90 年代中期的"农转非"改革，有些地方才逐步有所改变。

2. 户口性质：农业户口与非农业户口

户口登记的第一种划分是户口"类别"或户口"性质"，基本上可分为农业户口和非农业户口。50年代中期,在建立城镇户籍、农村户籍制度时,国家将在城镇从事非农业职业的划为非农业户口(也被称作"城镇户口"),从事农业的则是农业户口。随着计划经济的逐步建立,在60至80年代,户口性质决定了持有者是否能获得从国家计划分配的粮食,即所谓"吃商品粮";非农业户口是吃商品粮的,也同时享有国家提供的其他一系列福利,包括就业、医疗、教育、住房、养老等等。农业户口与非农业户口之分基本上决定了一个人与国家的关系。在二元体制下,农业户籍人口不享有国家分配的大部分福利,他们在很大程度上是自给自足的,或者靠农村集体的分配,但同时担负着为国家工业化做"贡献"的重任。随着经济、社会以及职业的变化,户口性质的区分并不必然与户口持有人的实际职业有关。有少数人可以"农转非",但被严格控制。"农转非"的途径主要有招工、提干、招生,还有一些临时的"农转非"政策。

3. 户口登记地:本地户口与非本地户口

除了户口性质外,所有人都有一个"户口登记地",这是一个公民的正式"常住地"。在户口制度之下,每一位公民的户口都登记在一个行政单位(如某城市的街道、镇或是村)。换言之,除了农业户口与非农业户口的划分以外,每个人还根据他的"常住户口",确定了他在一个特定地点有一个户口。在计划经济年代,户口性质决定了一个人所能得到的福利的种类,一般是由中央规定的,因为财政是统支统付,中央地方同一盘账,地方的支出最终是由中央买单的。户口登记地决定了人们在哪里能得到什么福利,不但城乡有差别,城市之间、城镇之间、辖区之间本地户口持有者所能获得的福利的量和类别也有差别。从80年代开始,随着中央逐步放权给地方,有些地方之间的差别越来越大。

上述两种划分有不同的含义,居住在市和镇里的既有非农业户口人口,也有农业户口人口;同样的,农业户口人口也存在于农村和城市中。直到最近十几年,由于"农转非"逐步被取消,除了外国公民外,几乎在任何城市中都有基本的四大类户籍(即本地非农业户口、农业户口和外地非农业户口、农业户口)。这种区分对于理解近期户口制度改革是重要的,因为制度的变化会对根据其进行户口划分而来的不同的人产生不同的影响。

我们用 X 市(作为"本地")为例进行解释。X 市有市区与郊区(郊县),户籍可以分出六大类(见表2.1):

(1)拥有本地户口的 A、B、C、D 类,其中以 B 和 C 为大类

A:住在城(市)区的本地农业户口人口,这类人口所占比例很少,有一部分仍是住在城中村,是原来的农村人口。

B:本地非农业户口人口,主要是称为"城市居民"的人口。

C:住在郊区、郊县的本地农业户口人口(有从事农业的,更多不是务农的)及其家属。

D:住在郊区、郊县的本地非农业户口人口,包括在农村的国家干部等,这类人口所占比例很少。

(2)没有本地户口的 E 和 F 类,一般称为"流动人口"

E:非本地的农业户口人口,大部分是来自 X 市以外农村的流动人口。绝大多数的农民工属于这个范畴。

F:非本地的非农业户口人口,大部分都是来自其他城镇。

一个人的户口登记地与户口性质往往是从母亲那里继承来的,这到了1998年才有所改变。可以说,在这之前,一个人的户籍状况可以说是"与生俱来"的。

户口登记在户口性质与户口登记地两方面的作用有利于国家控制城乡迁移,任何人要想迁移户口都要通过一个严格和烦琐的程序,并最后由公安部门把关。在20世纪90年代末以前,任何从农村到城镇的户口迁移都需要经过两个步骤:首先要将"身份"从农业户口性质转为非农业户口(即"农转非"),其次是到公安部门办理改变户口登记地。也就是说,任何从农村到城镇的正式户口迁移,得先完成

"农转非",之后才可改变户口登记地。

表 2.1 城市中不同户口类型的人口及其主要组成人员

户口登记地	实际现住地	户口性质	
		农业("农村人口")	非农业("城镇人口")
本地	市区	A. 农民及其家属	B. 城市居民（职工、干部及其家属）
	郊区、郊县	C. 农民及其家属	D. 职工、干部及其家属
非本地	市区、郊区、郊县	E. 农民工及其家属（主要来自外地农村）	F. 从其他城镇来的人员

资料来源：Kam Wing Chan, The Chinese *Hukou* System at 50, *Eurasian Geography and Economics*, Vol. 50, No. 2, 2009, pp. 197-221。

4. "农转非"的控制机制

改革开放前，控制"农转非"的关键是政策和指标的双重控制。政策控制是制定户口迁移、获得非农业户口的资格，指标控制是控制新增的非农业户口的规模。要进行户口迁移，必须既符合政策，又获得"农转非"的指标。如果某人尽管符合政策，但是某地没有指标，他的户口还是不能"农转非"的，也就没法迁移户口。中央政府负责制定政策，地方政府是通过执行政策、控制指标来决定每年进入本地（户籍）人口的规模。

"农转非"有两种途径：一般的和特殊的。一般的途径包括：国有企业招工、高等院校招生、提干和因为个人原因迁移。除了最后一项外，其他所有的迁移由国家用人计划决定。尽管每年的指标不一样，但是通过一般途径转户口的政策（条件）基本上没有大改变。在这种途径中，招工、招生、提干政策分别由劳动、教育、人事部门执行，户口指标最终由国家计划委员会（1998 年后由国家发展和改革委员会）在制订年度经济计划时确定。

不过，通过招工实现"农转非"的往往仅限于本人，不包括其家庭成员。招工到城市的国有单位并迁移户口的人,他们的亲属只能通过个人原因来申请户口迁移,但是,这种途径不易得到,从而造成了不少夫妻长期分居两地,父母子女不能住在一起的社会问题。个人原因的迁移,主要指配给从异地来照顾在本地生病的父母或配偶,或子女。除了必须符合一定的条件外,还要获得公安部门的指标。这个迁移人口的指标非常少,每个城镇限定在每年非农业户口人口的0.15%—0.2%。这导致大量的家庭就算符合条件,也很难拿到指标。20世纪七八十年代,这类待迁人口积压甚多,夫妻分居和与子女分居异地数年、十数年的情况比较多。在70年代末期,职工夫妻长期两地分居的人数约占全国职工人数的10%左右。[1] 1983—1989年,每年新增加的分居两地的夫妇的数字约有10万对。

除此之外,国家还根据特殊的需要制定一些临时的"农转非"政策,并给予额外的指标,但限定给予特定的人群。最常见的是让部分国有企业的临时工转为正式工、给退伍军人在城市安排工作的"农转非"政策,以及其他因时而异为特殊情况而制定的政策(如70年代末下乡知青返城)。这种渠道使政府能灵活地应付特殊的、不能预期的情况。在许多情况下,这种特殊渠道的转户口政策是由不同的政府部门共同制定的。可以说,"农转非"也作为一种奖励给予那些对国家做出贡献的人或为国家承受了特殊困难的人。相反,如果犯了罪,国家也可以取消犯人的非农业户籍。

由于掌控着户口登记,在限制人口从农村流往城市过程中,公安部门发挥了重要作用。从1962年开始,公安部门加强了对从农村到城市迁移的控制,但是反向的迁移是被允许的。同时,城市居民被允许在城市间迁移,但是从小城市到大城市,尤其是迁移到北京、上海、天津、武汉、广州受到严格控制。1977年,国务院批转了《公安部关于处理户口迁移的规定》,重申对城乡户口迁移的严格控制,

---

[1] 国家劳动总局于1980年3月发布的《国家劳动总局关于贯彻执行〈关于逐步解决职工夫妻长期两地分居问题的通知〉的通知》。

对从镇到城市、从小城市到大城市、从农村到城市郊区的迁移都加强了限制。但是,从城市到农村、从城市到镇、从大城市到小城市、农村与农村间的迁移则不受限制,只要是合理即可。

除了公安部门之外,其他政府部门在"农转非"中也有决定权。尽管转户口与办理迁移都必须经过公安部门,但其他政府部门根据相关政策也拥有"农转非"的审批权。事实上,大部分的"农转非"是由其他政府部门根据政策批准的。例如,根据北京在20世纪80年代的一项调查,该市的"农转非"户口迁移中,24%由高校部门批准,10%由军事部门批准,经公安部门批准的只占3%,还有63%由劳动等其他部门批准。[①]尽管1958年的《户口登记条例》列明了户口迁移的步骤,但是掌握"农转非"政策的大多数是政府的不同部门。

通过户籍制度管理,由公安部门执行的户口迁移控制主要是防止"无证"迁移(包括在改革开放之前的"盲流",80年代之后称为"流动人口")。改革开放之前,"无证"迁移者如果被抓到,大部分会被遣送回原籍。户口制度管制迁移的能力不仅仅是来自制度本身,还要靠其他社会经济控制手段的配合。在改革开放之前,政府掌握着重要物资的分配权,并严格控制各类经济活动,城市招工与工作调动完全由政府控制。当时在城里,除了进国有、集体企业工作之外,人们很少有其他谋生的途径。同时,日常生活也与工作单位紧密地联系在一起,在居委会等的配合下,任何违反户口管理的活动都很容易被发现。当然,这并不意味着户口制度可以完全防止"非法迁移"。总的来看,户口制度与其他机制共同起作用,形成一个多维度的控制网络,管理着从农村到城市迁移的不同环节或方面,并且相互联系,相互补充。计划经济时期,户籍迁移控制严密,户籍以外制度的配合起着很大的作用。人口活动被限制在划定的不同领域,以达到政府期望

---

① 参见刘光人主编:《户口管理学》,中国检察出版社1992年版,第284页。

的管治效果。通过"农转非"政策、指标控制以及其他行政手段，国家几乎完全控制了从农村到城市的迁移，并决定了人民的居住与工作地点。这种严格的户籍迁移控制使人口很难在社会上进行流动，也使社会上出现了一定的隔离与不公现象，造成了一定的社会和个人问题。

五、"农转非"政策的改革

改革开放前，"农转非"是从农村到城市迁移的关键。在改革开放的头二十年，它依然发挥着重要的作用。但随着经济体制的改革，改革前严格的"农转非"政策所造成的一些问题开始显现出来。为了解决这些问题，"农转非"政策开始有所松动，特别是在70年代末80年代早期，国家出台一些特殊政策，增加了"农转非"的指标，以解决过去曾因一些政策而被错误对待的职工和他们家属的户口问题。同时，为特定类型的人口设置更多的"口子"来实现"农转非"，如奖励干部和知识分子对国家所做的贡献。前公安部部长阮崇武曾说过，1993年"农转非"政策累计开了23个"口子"，而在50年代仅有9个"口子"。[①] 由于"农转非"政策的松动，从1979年到1995年，非农业户口人口每年增长780万（包括自然增长），年平均增长率为3.7%。这个速度大约是1963—1978年平均速度（每年增长250万，年平均增长率为1.9%）的两倍。

"农转非"政策的另一个松动，是1998年发布的《国务院批转公安部关于解决当前户口管理工作中几个突出问题的意见的通知》，废除了一些过去"农转非"政策中存在的限制。这些有实质性的新措施直接影响到家庭成员的迁移。总的来说，家庭成员的随迁条件比

---

① 参见殷志静、郁奇红：《中国户籍制度改革》，中国政法大学出版社1996年版，第65页。

以前更为宽松，配偶和需要照顾的家庭成员获得正式的城市户口比过去更容易。最为重要的是，新政策允许子女可以继承父亲或母亲的户口。

90年代，在废除粮票和其他国家提供的补贴之后，地方政府在行政分权与财政分权中获得更大的权力来管理人口，有些采取对当地户籍人口的保护型就业政策。从90年代中期开始，地方政府颁布了许多特定的本地户口规定，明文规定了外来人口获得本地户口和缴纳"进城费"的标准。正如前述，随着"农转非"的改革，是否具有本地户口逐渐变得更为重要。随着户籍管理的地方化，1993年，国务院发布了一个关于户口改革的内部征求意见稿，建议取消"农转非"。公安部公布，从1996年开始，在户籍表格上不再填报农业户口、非农业户口的分类。更为明确的是，从2000年起，许多省级行政区，如广东、浙江、广西、上海、河北、江苏等，宣布取消"农转非"指标的限制，同时取消农业户口与非农业户口的区分。

应当指出的是，取消农业户口与非农业户口的区分，只是在各地有本地户籍的人口中进行的，也就是说这只是取消了本地户籍人口中农业户口与非农业户口的名称区别，即取消了表2.1中A和B的区别、C和D的区别，在公安部门的统计中，一律称为"居民"，但没有取消本地户口（A、B、C、D）与外地户口（E、F）的区别。也就是把原来具关键性的门槛，从"农转非"的一栏，搬到"获得本地户口"这一栏，如表2.2所示。

表2.2　农村到城市户籍迁移的批准程序

户籍改变	负责批准的部门（并为迁移者担负财政支出）	程序与关键性	
		A. "农转非"改革之前	B. "农转非"改革之后
"农转非"（从农业户籍换成非农业户籍）	中央政府	关键步骤	不需要
获得本地户籍（从外地户籍转入本地户籍）	地方政府	通常是在"农转非"批准之后，自动获批	关键步骤

可以看到，新一轮的"农转非"改革并不是取消户口制度，而是把原来"农转非"的关键性门槛，转到本地户口与非本地户口这一关上。2005 年，一些媒体曾在报道中把"农转非"改革说成是中国要取消户口制度，农民可以直接入城落户，其实是一种误解。这方面我与威尔·白金汉（Will Buckingham）已作了详细的分析。①

过去，尽管"农转非"具有高度的选择性，但是"农转非"是根据政策、条件来操作的，即满足招工、征地、招生、招干或参军条件的人，或是有特殊家庭情况的人，以及那些在特殊政策范畴内的人，都可以"农转非"。普通农民可以获得"农转非"的机会不多，但是这种情况仍然存在，主要包括招工，或者是作为对国家征地的一种补偿，或者是愿意长期从事危险的工作（如在煤矿工作），为国家做出了贡献或者牺牲。另外，通过参军、考入大学，农家子弟也可以获得"农转非"的机会。

然而，随着"农转非"改革，户口管理进一步地方化，本地户口的发放完全由地方政府掌控。地方政府所列出的准入户条件，大多面向高收入、高学历的外来人士及一些特殊人群，而将一般的农民工排除在外，甚至有些农家子弟尽管进了大学，大学毕业后，也可能拿不到大城市的户口。以深圳为例，深圳在大城市户籍上算是比较开放的。2005 年，深圳在《深圳市关于加强和完善人口管理工作的若干意见》中规定，居住在该市的下列三组人群有资格申请本地户口：投资纳税者；拥有某类学位或是有专业资格的人；以及那些根据国家特殊政策有资格迁移到城市的人，如有本地户口直系亲属的人（通常是配偶或子女）和退伍军人。北京、上海的相关规定要求更高。

这些条件排除了外地农民原来可以通过招工而得到城市户口的机会。当然，取消了农业户口与非农业户口之间的区别，有本地户籍的

---

① See Kam Wing Chan and Will Buckingham, Is China Abolishing the Hukou System? *The China Quarterly*, Vol. 195, 2008, pp. 582-606.

农民所得到的一些福利待遇，与本地城市人口的一样。但是，从许多案例看到，农业户口的人要拿到城市居民的户口，一般是要把土地交出来。由于城镇化的快速推进，近些年大城市郊区的土地价值不断上升，郊区农民的土地被征用，其损失往往比得到居民户口的福利更大。[①] 根据我在 2012 年对湖北省武汉市情况的分析，在 2004 年开始实行的统一农业户口与非农业户口的改革中，可以看到许多农民虽然户籍上已变成"居民"，但实际的福利待遇并没有改变，还是维持原来户口所在地原有的待遇。[②] 另外，一旦丧失了农业户口，农民原来享有的有关农村土地的权利也有可能会失去。

取消"农转非"的改革，各地的进展不一样。在 2010 年"六普"的短表中，仍有农业户口与非农业户口这一栏（2020 年"七普"已取消此栏）；同时，公安部每年出版的《中华人民共和国全国分县市人口统计资料》，到了 2012 年仍然有农业与非农业（户口）人口的统计。[③] 中央政府取消农业户口与非农业户口的通告，到了 2014 年才正式公布要在全国实行。这些户籍改革方面的新措施，特别是 2014 年以来新一轮户籍改革的方案，包括实行居住证制度、户籍积分制度等，留在第六章详细讨论。

六、户籍制度对社会经济的影响

这里简要列出户籍制度对社会经济的影响。作为一种社会、经济控制工具，户籍制度随着时间的变化有不同的形式与作用。这里从社会、经济、地理、家庭的大层面切入，勾画出户籍制度影响的轮廓，

[①] 参见陈映芳等：《征地与郊区农村的城市化——上海市的调查》，文汇出版社 2003 年版，第 119 页。

[②] See Kam Wing Chan, Crossing the 50 Percent Population Rubicon: Can China Urbanize to Prosperity? *Eurasian Geography and Economics*，Vol. 53，No. 1，2012，pp. 63-86.

[③] 2012 年之后，该统计资料没有再出版。

详细的具体分析放在随后的第三、四、五章。

1. 推动高速的工业化

户籍制度是计划经济的重要制度支柱，中国在三四十年内就实现高速工业化（指狭义的，主要是产值），与户籍制度的实施不无关系。即使如此，到了 1978 年改革开放前，中国仍约有 2.5 亿农民处于贫困状态，[1] 户籍制度亟须改革。

改革开放后，中国逐渐摒弃传统的计划经济，但户籍制度并没有被完全抛弃，而是以不同的形式发挥作用。70 年代后期，部分农民通过集体的安排，以临时工的身份进城，满足了当时城镇劳动力的需求。这些农村户籍的工人没有城市户口，不能享用城市社会服务。改革开放初期，这种让农民工进城，填补城市人不愿意从事的粗重劳动岗位的做法逐步扩大。80 年代后期，随着出口加工业的起步，农村劳动力进入城市成为改革开放的主要策略。原来受到农村人民公社束缚的劳动力逐渐被解放，可以自由地流动，变成中国出口工业的主要劳动力，使得中国可以成为出口加工的大工厂。农村户口劳动力逐渐变成出口行业和制造业的支柱。在深圳、东莞等外向型沿海城市，农民工是劳动力的主体。即使在武汉这样的内陆城市，根据武汉市"六普"人口数据的 1/100 微样本估算，2000 年，没有本地户口的劳动力也占制造业劳动力的 43%，沿海城市更甚。这个统称为"农民工"的城市劳动力在 2006 年增长到 1.32 亿，在 2016 年达到约 1.7 亿。另外，外出务工收入也成为农民净收入的重要组成部分，2008 年达到 40% 左右。中国经济的高速增长，离不开中国作为"世界工厂"发挥的作用，借助于被释放出来的大量低廉劳动力，有效地推迟了"刘易斯转折点"的到来，使得一些城市和出口区在很长一段时间内获益。[2]

---

[1] 参见《中国农村扶贫开发概要》，http://www.gov.cn/zwhd/ft2/20061117/content_447141.htm，2021 年 5 月 10 日访问。

[2] 详细的分析参考 Kam Wing Chan, A China Paradox: Migrant Labor Shortage Amidst Rural Labor Supply Abundance, *Eurasian Geography and Economics*, Vol. 51, No. 4, 2010, pp. 513-530.

2. 造成不完整的城镇化

城镇化通常是经济工业化的一个同步现象，表现在人口从农村向城市集中，同时也改变了原来的生活方式，是现代经济发展的重要组成部分。可以说，城镇化是工业化的社会效应，这也是许多国家在发展中经过的道路。但是，在实践中有不少偏差，在第三世界国家，最常见的偏差就是"过度城镇化"（over-urbanization），表现为"没有工业化的城镇化"（urbanization without industrialization）现象，即农村人口涌入城市，但在城市中的岗位不够，造成大量人口长期失业。①

在中国，伴随着快速工业化的却是相对缓慢的"城镇化"，工业化超前于城镇化，而且在不同的时期有不同的表现。中国实行的是"不完整城镇化"的发展策略，农民虽然可以流入城市，但不能享受与城市居民相同的社会福利。改革开放前，这种策略是限制农民进城，使得中国人口的城镇化水平严重落后于工业化的水平，出现"城镇化滞后"（under-urbanization）现象。改革开放后，这种策略的形式改变了，农民可以进城，流动人口迅速扩大，但城市社会福利没有扩大，没有覆盖大部分农村户籍的流动人口。农民工在城市生活居住被看成是"临时性的""暂住性的"，不能享受城市人的福利。这个"临时性的"、没有福利的身份，压低了中国劳动力的直接和间接成本，使得"中国价格"可以超级低廉，有利于中国的工业产品打入世界市场。

可以说，用城镇常住人口规模来衡量中国城镇化的水平只是统计上的"城镇化"，因为城镇人口中有大量的人口是没有城镇户籍的，也就是说，户籍人口的城镇化率不高，流动人口不算是完整的、真正的城镇人口。

第一章中图 1.1 可以进一步说明问题。1958—1978 年，城镇户籍人口与城镇常住人口占全国总人口的百分比大致相同，相差只有一两

---

① 有关这方面的论说可参考 Josef Gugler（ed.），*The Urbanization of the Third World*，Oxford University Press，1988。

个百分点。然而，从 80 年代中期开始，两者的差距开始扩大；2000年，差距迅速增长到 10 个百分点左右；到 2014 年，两者之差高达 19 个百分点。也就是说，此时中国的总人口中接近 1/5 是属于流动人口，这是一个非常庞大的数字。

3. 社会分层

1949 年以后中国城乡之间存在不小的差距，对此已有大量文献进行论述。这种差距来源于城乡二元体制的设计，并导致出现一定的社会分层。

改革开放前，农民只能在农村生活及工作，为城市及工业做出贡献。城乡之间的行政边界与城乡户口之间的差异基本上是一致的。改革开放后，允许农民在城市找工作，但农民的户口没有改变，仍然是"农民"，不能享有城市福利。虽然农民的流动可以超越原来城乡的地域分界，但是城乡户籍的划分依然没变，大多数流动人口不能将农村户口转为城镇户口，这种划分制约了农村户口的人往上的社会流动。另外，依法规定，户口的类别是"世袭"的，这也就大大阻碍了农民工代际的社会流动。

农民工的收入及职业，与以户籍为基础的农村和城市人口有所区别，使他们在城乡之间有着独特的身份和社会地位。农民工属于"农村人口"，他们往往比留在农村的人口年轻，教育水平更高，收入和社会地位也较高，但却低于城镇职工。根据王丰的分析，农民工深刻地意识到自己的地位不高，要求平等对待、反对歧视的愿望较强。[①]农民工这个大的群体，逐步演变成为农村和城市人口以外的另一群体，使社会形成三大群组。但是，这个分类的基础，依然是以户籍为本，社会分层的本质依然是二元的。

---

① See Wang Feng, Boundaries of Inequality: Perceptions of Distributive Justice Among Urbanities, Migrants, and Peasants, in Martin King Whyte (ed.), *One Country, Two Societies*, Harvard University Press, 2010, pp. 219-240.

除了收入差距之外，农民工与城镇人口在机会上也存在不平等的问题。表 2.3 列出了历年影响城乡人口在这方面的主要措施。20 世纪 50 年代末，农村户籍人口的迁移、流动被限制，他们被排除在国家福利系统之外。80 年代中期，农民流动的权利逐渐恢复。但是，到了今天，城市与农村之间仍然存在一定的收入差距与不平等的机会结构。吴晓刚与唐纳德·J. 特雷曼（Donald J. Treiman）的研究表明，这种由户籍身份造成的教育水平差异会逐步传到下一代。[1] 农民工子女受教育的质量往往不高，农民工子女的问题日益成为社会发展中的一个重要问题。本书第五章将对此作深入分析。

表 2.3　影响城乡人口生活、机会等差别的政策及措施

年份	主要的政策及措施
1949—1978	城乡户籍人口被限定在不同的职业（农业/工业）和居住地点（农村/城市）
1953—1992	实行粮食配给，只有城镇人口有国家保证的粮食供应
1958—1980	农村人口向城镇的自发迁移被严格禁止； 城市户籍人口可以获得国家提供的就业、住房、教育和其他福利
1958—2014	农村户籍人口的社会福利主要依靠农村集体
1966—1976	农村人口可以在农村集体经营的非农企业中工作
1977—1984	少数的农村劳动力可以通过集体组织到城市工作
1985 年起	农村户籍劳动者获准自由流动到城镇暂住及工作
2000 年起	2002 年小城镇户口迁移政策出台； 部分地区逐步取消"农转非"
2014 年	颁布《国家新型城镇化规划（2014—2020 年）》及户籍改革方案； 宣布全国正式取消农业户口与非农业户口的分类，取消"农转非"

陆益龙在通婚圈的研究中指出，人们仍然把户口作为择偶的首要标准，可以看到户口在 21 世纪仍然是社会分层的一个重要指标。[2] 城

---

[1] See Xiaogang Wu and Donald J. Treiman, Inequality and Equality Under Chinese Socialism: The Hukou System and Intergenerational Occupational Mobility, *American Journal of Sociology*, Vol. 113, No. 2, 2007, pp. 415-445.

[2] 参见陆益龙：《超越户口——解读中国户籍制度》，中国社会科学出版社 2004 年版，第 351—396 页。

乡户口的差别，从1949年前主要为职业的分工及居住的地方、社会地位的不同，逐步演变成为更加广泛的、制度性的城乡差别。到了1979年，城乡户口的差别可以表现在许多方面，主要为：收入、社会福利、就业机会、粮食供应、行动自由、子女身份、教育的机会及质量。这些因素当然会使户口变成择偶的首要条件，使得通婚主要只发生在自己的"户口圈"内。也就是说，城市户口的男子通常不会选择农村户口的女子为对象，城市户口的女子更不愿意下嫁给农村户口的男子。

4. 地区空间分层

如第一章图1.3所示，户籍制度不仅产生了"垂直的"城乡社会分层，而且还产生了城镇系统内的"横向"分层。城乡之间以及城市之间存在着相当大的空间分层。在改革开放前，中国的计划经济管理主要依靠自上而下的行政地区等级体制一级一级地实施，可以说是国家权力地域化的重要一部分。

虽然这种等级化的管理体制是计划经济体系的一部分，但是在市场化改革已经推行四十多年后，行政地区等级体制仍然继续运行。近三十年来，许多行政权、财权已经下放到地方，但中央、省、地、县、乡镇这五个主要政府层级依然保持不变，相对地位、权力没变。城镇的行政单位系统也是跟着这个级别分等级分权。城镇等级体系中，最高的是省级市即直辖市，目前只有四个，而镇的数量最多，为城镇体系的最低级别。这种数量上小下大的分布形成了一个三角形的权力、财力系统，如图1.3所示。

这个行政级别体系不光体现在政府的行政等级制度上，也体现在财政资源和公共服务分配上。不论是在改革开放前还是现在，国家提供的资源和服务（包括教育和城市基础设施）的数量和质量都与行政级别相关，级别低的地区财政资源少，公共服务也少，高级别的地区则能提供更高水平和更多种类的公共服务。① 可以看出，这种地区的分层，也决定了不同地区人们的机会结构。

正如第一章图 1.3 右边两个相反方向的三角形所表示的，这种资源分配上的不平等有严重的"倒挂"性质。它不仅制造了城市和农村两种不同"性质"的人口（农业户口与非农业户口人口），而且每一种人口又在特定的地区内得到进一步细分，甚至到了户口最基层的行政单位，即街道、村等。虽然"农转非"的作用在逐步减弱（到了2014 年完全被取消），但本地与非本地户籍则成为新的区隔因素，户口登记地的地方分类仍决定了什么地方的人可获得什么样的利益，所造成的地区空间分层更加明显。

5. 对家庭完整性的影响

中国由于户籍制度的严格限制，家庭成员分居异地（造成夫妻分居两地、大量留守人口）的情况较为突出。城镇户口的转换（如"农转非"）往往只是给予家庭成员其中一个，主要是劳动者（因工作调动、招工等原因），而不是给予整个家庭。由于"农转非"有巨大的物质利益，就算是家庭成员被迫分居两地，农民还是愿意接受，这就造成了大量的家庭成员分居两地。这个情况在改革开放之前存在，在改革开放之后依然存在，尽管性质及原因不完全一样。现在中国广义的"单亲家庭"②的数量与占总人口的比重，都有扩大的趋势。前面提到，在 20 世纪 70 年代末期，职工夫妻长期两地分居的人数约占全国职工人数的 10% 左右。夫妻被分拆在两地，有子女的家庭形式上是单亲家庭。1982 年，单亲家庭的数量约占农村总户数的11%，主要由户籍政策（夫妻分居两地）所造成，婚姻关系破裂的原因只是次要的。③ 根据我的研究，2015 年中国广义的单亲家庭的儿童

---

① See Roger Chan and Xiaobin Zhao, The Relationship Between Administrative Hierarchy Position and City Size Development in China, *Geojournal*, Vol. 56, 2002, pp. 97-112.
② 包含因离婚、流动造成的子女长期与父或母分居的"单亲"家庭。
③ 参见王跃生：《当代中国农村单亲家庭变动分析》，载《开放时代》2008 年第 5 期。

人口，占全国儿童人口的38%，八成以上的单亲家庭是由流动及户籍制度造成的，详细的分析见第五章。

七、小　　结

本章概括了户籍制度建立的背景及原因、具体的机制及操作方法，并分析了户籍制度与人口迁移、城镇化在不同时期所起的作用。户籍制度基本上是服务于国家的经济策略，特别是工业化策略。在改革开放之前，户籍制度主要是防止农民流向城市。改革开放之后，农民可以到城市工作，但是不能享受城市的福利，这个做法有利于中国的工业产品打进世界市场。中央及地方政府通过一系列政策，进一步发挥户籍的作用，同时也开始改革户籍制度，以解决其中一些问题。本章的后半部分分析了户籍制度对工业化、城镇化、社会及地域空间分层以及家庭完整性的影响。随后的三章将在这个基础上延伸出去，分析人口迁移、流动的趋势，农民工的特点，大中小城市的人口发展，以及户籍制度如何影响流动人口的家庭，特别是他们的子女。

 延伸阅读

1.〔美〕陈金永：《当前中国的城镇人口统计问题及其对经济分析的影响》，载蔡昉主编：《中国人口与劳动问题报告 No.11》，社会科学文献出版社2010年版。

2. 陆益龙：《户籍制度——控制与社会差别》，商务印书馆2003年版。

3. 田炳信：《中国第一证件——中国户籍制度调查手稿》，广东人民出版社2003年版。

4. 殷志静、郁奇虹:《中国户籍制度改革》,中国政法大学出版社1996年版。

5. 俞德鹏:《城乡社会:从隔离走向开放——中国户籍制度与户籍法研究》,山东人民出版社2002年版。

6. Carolyn Cartier, Territorial Urbanization and the Party-State in China, *Territory, Politics, Governance*, Vol. 3, No. 3, 2015.

7. Dorothy J. Solinger, *Contesting Citizenship in Urban China*, University of California Press, 1999.

8. Fei-Ling Wang, *Organizing Through Division and Exclusion: China's Hukou System*, Stanford University Press, 2005.

9. Kam Wing Chan and Yanning Wei, Two Systems in One Country: The Origin, Functions, and Mechanisms of the Rural-Urban Dual System in China, *Eurasian Geography and Economics*, Vol. 60, No. 4, 2019.

10. Kam Wing Chan (with Fang Cai, Guanghua Wan, and Man Wang), *Urbanization with Chinese Characteristics: The Hukou System and Migration*, Routledge, 2018.

11. Martin Whyte (ed.), *One Country, Two Societies: Rural-Urban Inequality in Contemporary China*, Harvard University Press, 2010.

12. Xiaogang Wu and Donald J. Treiman, Inequality and Equality Under Chinese Socialism: The Hukou System and Intergenerational Occupational Mobility, *American Journal of Sociology*, Vol. 113, No. 2, 2007.

第三章
人口迁移、流动与农民工：特征与趋势

一、导　　言

　　农村向工业部门提供的大量廉价劳动力，是中国过去四十多年经济高速增长的重要源泉。20世纪90年代中期以来，农民工已经成为中国制造业发展的主力军。在出口导向型城市，如深圳和东莞，农民工更是城市劳动力的大多数。国家统计局发布的《2018年农民工监测调查报告》显示，农民工占第三产业就业人口的一半。

　　尽管中国人口流动的规模巨大，但正如我在第二章中指出的，在中国官方（特别是管理户籍的公安部门）使用的概念中，"迁移"是指户口迁移，没有户口转变的迁移只能算是"流动"，所以这些迁移者也只是"流动人口"。

　　为了准确地分析和解读数据，本章需要用较严谨的技术用语。在中文学术论文中，一般把"迁移"等同于英文"migration"，即广义的迁移，含公安部门使用的"迁移（人口）"与"流动（人口）"的概念。"migration"概念在国际上一般是指人口从一个地点移动到另一个地点，并在目的地住上一段时间，但排除短时间逗留的游客。重点是迁移者要在目的地住上一段时间，常用的标准为六个月，不论这个人是否有合法的证件居留，或者是否打算长期居留。在绝大多数国家，国内的迁移并不需要有什么合法的证件，所以也没有"有证"或

"无证"的问题,也就没有"流动"与"迁移"之分。为了与国际学术研究用词接轨,本章所用的"迁移"概念与"migration"相同,是指广义的迁移,既包含了户口迁移,也包括了没有户口的人口流动(也叫"非户籍迁移"),这与第二章中的用法略有不同。

尽管中国的国内迁移人数庞大,并在经济发展中扮演着重要的角色,但对于中国迁移的规模,论者却经常搞不清楚。德国学者托马斯·沙尔平(Thomas Scharping)曾称,要弄清楚中国国内迁移的规模比较难,① 主要原因在于中国这方面的统计数据异常复杂,不但有多种指标、多种口径,而且中国国内常用的迁移概念往往有别于国际上惯用的。另外,与出生、死亡不同,迁移还是"动态"的,迁移者是动的,要准确"抓着"("被统计")是比较困难的,不仅容易漏掉,而且也容易重复计算。

由于中国特殊的制度安排,在国内人口迁移中,户籍制度扮演着核心角色,使人口和迁移管理体系以及统计体系与众不同,迁移统计指标相当繁杂。在一些地方发布的统计数据中,非户籍人口往往不被包括在内,② 联合国开发计划署的报告就将中国的流动人口称为"统计上看不见的人口"③。这些数据问题往往会影响到人口迁移分析的准确性,以及工业化、城镇化等诸多相关课题的研究。所以,在作分析之前,必须把这些统计指标的定义及范围阐述清楚。

本章第二至第五部分对迁移人口、农民工的统计数据的定义、范围及其改革开放后的总趋势进行了简要的综合分析,这些为后面章节的分析提供了必需的背景状况。

---

① See Thomas Scharping, Hide-and-Seek: China's Elusive Population Data, *China Economic Review*, Vol. 12, No. 4, 2001, pp. 323-332.

② 例如,尽管上海是流动人口规模最大的城市之一(约占上海总人口的 40%),但《上海统计年鉴》中有关流动人口的数据甚少。例如,在 2020 年《上海统计年鉴》人口和从业部分的 15 个表中,仅有一表(表 2.2)一小栏列出"外来人口"的数据。

③ United Nations Development Programme, China Human Development Report 1999: Transition and the State, 1999.

二、人口迁移、流动和农民工的统计指标

研究中国内部迁移一定要从户籍制度及其与迁移的关系出发。众所周知,"正式"(带户口)的迁移是要得到批准的,这在很长的时间里是被严格限制的,到了20世纪80年代中期才在一些地方开始有些松动。在一般情况下城镇户籍的居民被允许在同一城市内部改变街道的户籍地(如在一个城市内将户口从一个街道转移到另一个街道);同样地,由于婚姻或其他合理的原因,农村居民在农村内部的户籍迁移通常也是允许的。但是,涉及从乡村到城市之间的户籍迁移则是被限制的,必须得到公安户籍管理机关的批准。正如上一章所述,这种批准不易取得,而且手续繁复,迁移不仅要符合中央或地方政策,还要当地有指标才能实现。一般来说,普通人要将户口从农村迁到城镇,或从小城市迁到大城市都是不容易的。改革开放以前,户籍制度事实上相当于一种"国内护照"制度,旨在限制农村人口外流,同时也是一种福利分配机制,使国家提供的福利只限于向城镇户籍居民提供。目前,户籍制度主要体现的是一种利益(主要是社会福利)分配机制,而不再是用来限制人口的流动。也就是说,农民可以进入城市工作,但他们大部分仍然没法拿到迁入地的户口。因此,这些人不能获得一般城镇居民享受的本地社会福利。

因为户籍起着关键的作用,我们可以用户籍把迁移划分为两类:

(1)带有户籍转变的移民,以下称为"户籍移民"或"户籍迁移"。

(2)没有本地户籍的移民,即"非户籍移民"或"非户籍迁移",即"流动人口"。

每年各地官方发布的有关迁移的统计数字都是基于户籍人口,迁移人口的数据也只是"户籍迁移"的数据。从2000年起,公安部门才开始公布登记为"暂住人口"的非户籍人口统计数据。除了户籍迁移外,在过去近四十年里,统计部门与一些研究人员也通过各种抽样

调查、人口普查、"小普查"（即在两次人口普查之间进行全国1%人口的抽样调查）等来收集非户籍移民的数据。由于中国大部分的人口迁移具有循环性和临时性的特征，因而要准确测算与界定流动人口并不容易，技术上的问题颇多。

表3.1是我从不同途径整理出来的中国内部迁移的主要统计数据，有些是从迁入地收集而来，有些则是从迁出地（主要是农村）调查而得。尽管这些数据的统计口径不尽一样，质量也参差不齐，但是，把各项指标排在一起可以发现，数据所展现的迁移趋势大致相同，而且符合逻辑，基本上合理，下面逐一解释。

表 3.1 国内迁移主要的统计数字（1982—2019）　　（单位：百万人）

年份	户籍迁移（年度流量）	非户籍迁移（存量）的不同指标（年底数）		城镇非户籍人口		城镇常住人口
		流动人口	农民工		E（占城镇常住人口百分比）	
	A	B	C	D	E	F
1982	17.3	6.6ª		46.5	21.7	214.5
1987	19.7	15.2	26.0ªᵇ	64.0	23.1	276.7
1990	19.2	21.6ª		66.3	22.0	302.0
1995	18.5	29.1	75.0ª	69.4	19.7	351.7
2000	19.1	121		136.6	29.8	459.1
2001	17.0			148.6	30.9	480.6
2002	17.2		104.7	152.8	30.4	502.1
2003	17.3		113.9	149.5	28.5	523.8
2004	19.5		118.2	151.4	27.9	542.8
2005	19.3	147	125.8	153.1	27.2	562.1
2006	20.6		132.1	162.2	27.8	582.9
2007	20.8		137.0	175.5	29.0	606.3
2008	18.9		140.4	184.3	29.5	624.0
2009	16.8		145.3	194.8	30.2	645.1
2010	17.0	221	153.4	210.2	31.4	669.8

（续表）

年份	户籍迁移（年度流量）	非户籍迁移（存量）的不同指标（年底数）				城镇常住人口
		流动人口	农民工	城镇非户籍人口	E（占城镇常住人口百分比）	
	A	B	C	D		F
2011	16.3	230	158.6	220.2	31.9	690.8
2012	17.5	236	163.4	232.1	32.6	711.8
2013		245	166.1	241.2	33.0	731.1
2014		253	168.2	258.2	34.5	749.2
2015		247	168.8	222.7	28.9	771.2
2016		245	169.3	223.1	28.1	792.8
2017		244	171.9	225.5	27.7	813.5
2018		241	172.7	226.1	27.2	831.3
2019		236	174.3	227.0	26.8	848.4

数据来源：
A：公安部户籍迁移登记资料。
B：国家统计局人口普查、"小普查"及年度抽样调查资料。
C：国家统计局农民工监测调查年度报告。
D：为城镇常住人口（F）与公安部发布的"非农业户籍人口"之差。
F：根据国家统计局 2020 年发布的数据整理。2021 年国家统计局重新调整了 2015—2020 年的数据，本书第六章将作详细分析。

注：
a 采用的口径与后期的不完全可比。
b 为 1988 年的数据。
指标的详细口径及数据来源，可参阅 Kam Wing Chan, Migration and Development in China: Trends, Geography and Current Issues, *Migration and Development*, Vol. 1, No. 2, 2012, pp. 187-205。

户籍迁移（A）：这一指标是指户籍迁移人数，来自公安部每年（一直到 2012 年）的统计数据，也是表 3.1 中唯一的迁移"流量"（flow）指标。数据反映了每年正式户籍迁移的迁入量，一般是指跨市、镇或乡的户籍迁移，包括城乡之间的、城镇之间的、农村之间的，但不包括一个城市内部的迁移。户籍迁移中很大一部分是农村之间的迁移，主要是婚姻迁移。

非户籍迁移指标（B—E）：这些指标是指非户籍人口群体，与指标 A 的户籍迁移不同，它们都是存量数据，即在某一时点上在全国各地居住的非户籍人口的总数。在人口统计上，流动人口是实际居住、属于"常住人口"的一部分，但不属于"法理人口"（即有本地户籍的人口）。常住人口与户籍人口两者的规模存有差距。极端的例子之一是深圳。2020 年，深圳的常住人口有 1,749 万（普查数），但户籍人口只有 505 万，只占总人口的 29%。

鉴于流动人口不同指标的范围、标准的界定不相同，它们所反映的流动人口规模也不尽相同。

指标 B：数据来自国家统计局的调查，覆盖了户籍登记地在本市、县以外的人口，即为人们一般所称的"外来人口"。流动人口一般是在调查地最少住上 6 个月。在统计局的数据中，流动人口被划入当地的"常住人口"的范畴，这样的做法跟国际接轨，更能反映实际情况。

指标 C：这是指农村户籍的流动劳动人口，即通常所说的"农民工"，是"流动人口"中主要的组成部分。与 B 的关系是：B = C + 其家属（非劳动人口）。这里定义的农民工是指"外出的农民工"，即从农村地区流出的劳动人口，在迁入地生活但没有当地户口。[①]数据是国家统计局每年通过专项抽样调查（农民工监测调查）在农村流出地收集到的，大部分农民工在城镇工作，离开流出地六个月以上。有些农民工的流动是季节性的，每年在城乡之间流动一次或多次。

指标 D 和 E：D 是居住在城镇的农村户籍人口，是城镇常住人口（F）与公安部发布的"非农业户籍人口"之差。D 在过去十年的规模，大致上与统计局的流动人口的规模相若，也经常被用来反映流动人口规模的指标。E 为 D 占城镇常住人口的百分比，这一比例与"两率之差"相关（见第六章）。

城镇常住人口指标（F）：这里加入了城镇常住人口的统计，以方

[①] 本章使用的范围是狭义的"农民工"，指"外出农民工"，不含在本乡镇内的乡镇企业和农村企业的工作人员。

便比对。城镇人口也是城镇化的重要指标,与人口迁移息息相关。在其他一些国家,城镇人口指标只有一个。但在中国,有好几个城镇人口的指标(第四章将作详细分析)。这里用的是与其他国家可比的城镇常住人口。

三、1982—2015 年的人口流动、迁移趋势[①]

表 3.1 的数据可以用来分析改革开放以来人口迁移的总体趋势。这里简要地分析一下 1982—2015 年的变化趋势。至于 2015 年之后的情况,由于相关数据有新的变化,特别是 2020 年人口普查得出的流动人口规模,比表 3.1 中 2016—2019 年的大得多,留待在第六章再作分析。

1982—2012 年,中国户籍迁移规模的年际变化并不大,基本稳定在 1,700 万—2,100 万人。实际上,相对于中国总人口的变化,户籍迁移的比重已经稍为下降,从 1982 年的 1.7%[②]下降到 2010—2012 年的 1.3%。户籍迁移大部分为农村内部的迁移(尤其是婚迁)和少量从农村到城镇的迁移。尽管进入 21 世纪后,小城镇的户籍迁移已逐渐放开,但进入大中城市的户籍迁移仍然受到严格控制。

另外,表 3.1 显示出,无论用什么指标,非户籍迁移(流动人口)在 1982—2015 年这段时间内基本上一直都在增长。以指标 B 为例,流动人口的规模从 1995 年的 3,000 万,上升到 2000 年的 1.21 亿,到了 2010 年达到 2.21 亿。在这段时间内,流动人口的年平均净迁移一直在增加。

与此同时,那些在城镇的非户籍人口(D)也从 1990 年的 6,630

[①] 有关改革开放前的迁移趋势可参阅杨云彦:《中国人口迁移与发展的长期战略》,武汉出版社 1994 年版,尤其是其中第 102—122 页内容。

[②] 这个强度与 70 年代的大致相若,参见杨云彦:《中国人口迁移的规模测算与强度分析》,载《中国社会科学》2003 年第 6 期。

万增加到 2010 年的 2.1 亿，20 年来大幅度增加约 1.4 亿；占城镇常住人口的百分比，由 20 世纪 80 年代末 90 年代初的 22%—23%，提高到 2010 年的 31.4%（E 指标）。农民工人数（C 指标），在 2002—2012 年，平均每年增加约 587 万。而之前的 1995—2002 年，每年平均只有 424 万。

此外，在 2000—2015 年的 15 年间，非户籍人口在城镇常住人口中的绝对数和相对数都在扩大，2010 年以后已占到城镇常住人口的 30% 以上。这一趋势表明，在中国快速变成"世界工厂"的同时，城镇常住人口中没有本地户口的群体越来越大，这确实令人忧虑，这个问题在以后的章节中再进一步探讨。

四、2010—2018 年农民工就业行业变化趋势

国家统计局的农民工监测调查年度报告有较详细的农民工数据，可以用来分析农民工变化的趋势。农民工规模（C 指标）在 2000—2010 年的 10 年间增幅约 50%，但在 2010—2018 年的 8 年间只增加了 12%。年度报告也有数据可以分析农民工就业行业的分布情况。不过，国家统计局只发布了广义的农民工（含本地农民工）的数据。根据这一口径，农民工的就业行业包括制造业（2018 年为 28%）、建筑业（19%）、第三产业（包括交通运输、仓储和邮政业，批发零售业，住宿餐饮业，以及居民服务和其他服务业，51%）及其他（2%）。在 2018 年，第三产业已经超过第二产业，成为农民工就业的最大产业。制造业的岗位，近些年基本上都在减少，从 2010 年大约 9,000 万个岗位下降到 2018 年 8,000 万个左右，占农民工人数的比重也从 2010 年的 37% 下跌到 2018 年的 28%（图 3.1）。在同一期间，第三产业为农民工创造了大概 4,000 万个岗位。与全国就业人口数据比对一下，可以笼统地说，农民工担当了全国第二产业 2/3 的劳动力

（包括几乎所有的建筑工人），以及大约一半的第三产业工人，足见农民工在非农（主要在城镇）行业的作用举足轻重。

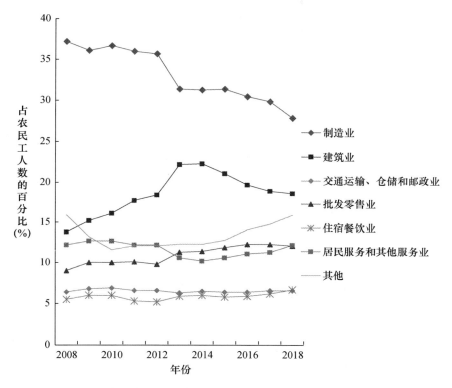

图 3.1　农民工从事的主要行业分布（2008—2018）
数据来源：根据国家统计局历年发布的《农民工监测调查报告》的数据绘成。

表 3.2　广义农民工的年龄构成　　　　　　　（单位：%）

年龄组	2010	2011	2012	2013	2014	2015	2016	2017	2018
16—20 岁	6.5	6.3	4.9	4.7	3.5	3.7	3.3	2.6	2.4
21—30 岁	35.9	32.7	31.9	30.8	30.2	29.2	28.6	27.3	25.2
31—40 岁	23.5	22.7	22.5	22.9	22.8	22.3	22.0	22.5	24.5
41—50 岁	21.2	24.0	25.6	26.4	26.4	26.9	27.0	26.3	25.5
51 岁以上	12.9	14.3	15.1	15.2	17.1	17.9	19.1	21.3	22.4
中位数	34.2	35.8	36.8	37.3	38.1	38.7	39.2	39.9	40.1

注：广义的农民工包含在本乡镇内的乡镇企业和农村企业的工作人员。
数据来源：根据国家统计局历年发布的《农民工监测调查报告》编成。

表 3.2 的数据表明，广义的农民工正在迅速老化。中位年龄由 2010 年的 34.2 岁增加到 2018 年的 40.1 岁，速度相当快，几乎是每年增加一岁。在 2010 年，最大的年龄组是 21—30 岁，占比超过 1/3，但到了 2018 年，已跌至只有 1/4，比重跟其他三组年龄较高的相近。这对于长期依赖年轻农民工劳动力的出口加工业将是一个挑战。

随着人口的流动进一步成熟、流动人口的老化，流动的模式也逐渐进入"家庭化"的阶段。由于农民工年龄的大幅度提高，原来占比较大的年轻农民工也进入结婚、组织家庭的年龄段，而且超八成已婚的流动人口会携带子女或配偶流动。① 国家统计局的人口普查等数据显示，流动人口子女与农民工人口的比例从 2000 年的 0.48（即在两个农民工中就有一个子女），大幅度上升到 2015 年的 0.61。② 流动儿童人口与农民工人口的比例则从 2000 年的 0.19 升至 2010 年的 0.23，但是这个比例到了 2015 年，又下跌为 0.20，应该是反映了从 2013 年起，国家逐步推行新型城镇化规划，进一步控制大城市人口增长的结果。流动儿童不能在大城市待下去，只能回乡变成"留守儿童"，使得农民工家庭父母子女分离的问题更加突出，本书第五、六章将详细剖析这个问题。

五、省际人口迁移

国内迁移主要是劳动人口的流动，反映了城乡之间、地区之间的工资差距，这与城乡二元结构体制不无关系。许多农业省份农村缺乏足够的就业机会，使得不少农村劳动力离家外出，到城里寻找工作。他们到工厂打工，或是从事服务行业，包括大量在餐饮业内的工作

---

① 参见屈小博、杨舸、程杰：《人口流动趋势与农民工就业》，载蔡昉、张车伟主编：《中国人口与劳动问题报告 No.16》，社会科学文献出版社 2015 年版，第 35—84 页。
② 数据来自第五章表 5.1。

者，也有自我就业的，如从事小买卖。大部分打工者去了附近的城镇，主要是省内迁移，但约有 1/4 到 1/3 的人迁移流动到沿海的大城市。

根据 2000 年、2010 年两次人口普查和三次"小普查"的数据，表 3.3 汇总了 1990—2015 年五个五年期的省际人口迁移（只含五岁及以上的人口）数据。省际迁移总量从 1990—1995 年的 1,066 万，稳步增长到 2005—2010 年 5,530 万的最高峰；在 2010—2015 年，省际人口迁移有轻微的下跌，只有 5,328 万，有可能开始出现转折。

跨省的迁移，主要是从乡到城。在 1990—2015 年这 25 年间，省际迁移总量为 1.895 亿（人次），由于算的是迁移人次，某个迁移者在此期间可以多次往返，会有"重复"计算的可能。如果看净省际迁移，根据 2015 年"小普查"的数据，有近 1 亿（9,720 万）常住人口的户籍所在地是在省外，这个数字在 2000 年只有约 4,240 万人。[①] 也就是说，在这 15 年期间，省际净迁移人口约为 4,500 万，将近半亿。这个趋势与表 3.1 所反映的同期全国非户口迁移者规模的快速增加是一致的。

表 3.3 还根据不同时期各省的净迁移量进行了排名。在 2000 年之前，省际迁移基本上是单向的。例如，1995—2000 年，在净迁入最多的广东省，迁入量与迁出量之比为 26∶1；[②] 最大的净迁出省四川，迁入量与迁出量的比例为 1∶7.5。这些悬殊的比例意味着省际迁移的大省，基本上是净出口省（如四川和河南）或净入省（如广东）。因此，净迁移统计数据可以用来反映各省在省际迁移中的大概比重及重要性。在 2010 年之后，单向流动的主导地位开始显著减弱。例如，2010—2015 年，广东省的迁出量与迁入量比例下降到仅为 4∶1。

---

① 参见国务院人口普查办公室、国家统计局人口和社会科技统计司编：《中国 2000 年人口普查资料（上册）》，中国统计出版社 2002 年版，第 726 页；国家统计局人口和就业统计司编：《2015 年全国 1% 人口抽样调查资料》，中国统计出版社 2016 年版，第 558 页。

② See Kam Wing Chan, China: Internal Migration, https://onlinelibrary.wiley.com/doi/pdf/10.1002/9781444351071.wbeghm124, visited on 2021-12-20.

表 3.3 省际迁移量（规模）(1990—2015)

（单位：千人）

	1990—1995			1995—2000			2000—2005		
	净迁移量	净迁移%	名次	净迁移量	%	名次	净迁移量	%	名次
广东	1,799	19.6	1	11,063	34.3	1	10,281	27.0	1
浙江	-273	-3.0	24	1,745	5.4	3	4,021	10.6	2
北京	606	6.6	3	1,715	5.3	4	1,916	5.0	5
江苏	319	3.5	5	667	2.1	7	1,963	5.2	4
上海	610	6.6	2	2,005	6.2	2	2,650	7.0	3
福建	104	1.1	10	722	2.2	6	1,132	3.0	6
天津	171	1.9	7	388	1.2	8	802	2.1	7
新疆	437	4.8	4	925	2.9	5	395	1.0	8
海南	38	0.4	12	88	0.3	11	33	0.1	10
西藏	27	0.3	13	35	0.1	14	-6	0.0	12
内蒙古	159	1.7	8	-116	-0.4	18	-23	-0.1	14
辽宁	248	2.7	6	375	1.2	9	257	0.7	9
青海	17	0.2	14	-46	-0.1	16	-12	0.0	13
宁夏	4	0	15	41	0.1	13	7	0.0	11
重庆	—	—	—	-655	-2.0	23	-1,010	-2.7	23
陕西	-25	-0.3	17	-296	-0.9	20	-572	-1.5	21

(续表)

	1990—1995			1995—2000			2000—2005		
	净迁移量	净迁移%	名次	净迁移量	%	名次	净迁移量	%	名次
吉林	-134	-1.5	22	-275	-0.9	19	-315	-0.8	18
云南	104	1.1	9	335	1.0	10	-132	-0.3	15
黑龙江	-188	-2.0	23	-639	-2.0	22	-825	-2.2	22
甘肃	-77	-0.8	20	-357	-1.1	21	-376	-1.0	19
山西	87	0.9	11	49	0.2	12	-135	-0.4	16
山东	-9	-0.1	16	26	0.1	15	-199	-0.5	17
河北	-74	-0.8	19	-102	-0.3	17	-378	-1.0	20
贵州	-107	-1.2	21	-970	-3.0	24	-1,235	-3.2	24
湖北	-44	-0.5	18	-1,604	-5.0	26	-2,214	-5.8	27
江西	-347	-3.8	25	-2,445	-7.6	28	-1,977	-5.2	26
广西	-450	-4.9	26	-1,551	-4.8	25	-1,726	-4.5	25
四川*	-1,294	-14.1	30	-3,806	-12	31	-3,178	-8.4	31
安徽	-662	-7.2	29	-2,579	-8.0	29	-3,165	-8.3	30
湖南	-532	-5.8	28	-2,899	-9.0	30	-2,827	-7.4	28
河南	-514	-5.6	27	-1,839	-5.7	27	-3,154	-8.3	29
省际迁移总量	10,661			32,330			38,042		

(续表)

	2005—2010			2010—2015			1990—2015 年合计		
	净迁移量	净迁移%	名次	净迁移量	%	名次	净迁移量	%	名次
广东	12,277	22.2	1	8,106	15.2	1	43,526	23.0	1
浙江	7,067	12.8	2	3,879	7.3	2	16,439	8.7	2
北京	3,445	6.2	4	3,247	6.1	3	10,929	5.8	3
江苏	3,002	5.4	5	2,971	5.6	4	8,921	4.7	5
上海	4,533	8.2	3	2,707	5.1	5	12,505	6.6	4
福建	1,401	2.5	6	1,105	2.1	7	4,464	2.4	7
天津	1,286	2.3	7	2,396	4.5	6	5,043	2.7	6
新疆	554	1.0	8	448	0.8	8	2,759	1.7	8
海南	103	0.2	11	47	0.1	9	309	0.2	10
西藏	29	0.1	14	37	0.1	11	123	0.1	12
内蒙古	181	0.3	10	45	0.1	10	246	0.1	11
辽宁	495	0.9	9	-27	-0.1	14	1,349	0.7	9
青海	33	0.1	13	34	0.1	12	26	0	14
宁夏	89	0.2	12	-20	0	13	120	0.1	13
重庆	-1,107	-2.0	22	-487	-0.9	16	-3,260	-1.7	21
陕西	-613	-1.1	18	-245	-0.5	15	-1,751	-0.9	18
吉林	-509	-0.9	17	-502	-0.9	17	-1,734	-0.9	17
云南	-457	-0.8	16	-669	-1.3	18	-819	-0.4	15
黑龙江	-1,140	-2.1	23	-841	-1.6	19	-3,633	-1.9	23
甘肃	-787	-1.4	20	-854	-1.6	20	-2,450	-1.3	20

（续表）

	2005—2010			2010—2015			1990—2015 年合计		
	净迁移量	净迁移%	名次	净迁移量	%	名次	净迁移量	%	名次
山西	−295	−0.5	15	−866	−1.6	21	−1,160	−0.6	16
山东	−674	−1.2	19	−914	−1.7	22	−1,770	−0.9	19
河北	−1,092	−2.0	21	−1,354	−2.5	23	−3,000	−1.6	22
贵州	−2,088	−3.8	24	−1,497	−2.8	24	−5,897	−3.1	24
湖北	−2,958	−5.4	27	−1,497	−2.8	25	−8,317	−4.4	26
江西	−2,784	−5.0	26	−1,780	−3.3	27	−9,333	−4.9	27
广西	−2,221	−4.0	25	−1,763	−3.3	26	−7,710	−4.1	25
四川*	−3,933	−7.1	29	−2,049	−3.9	28	−14,259	−7.5	30
安徽	−4,702	−8.5	30	−3,122	−5.9	30	−14,230	−7.5	29
湖南	−3,902	−7.1	28	−2,478	−4.7	29	−12,638	−6.7	28
河南	−4,999	−9.1	31	−4,059	−7.6	31	−14,564	−7.7	31
省际迁移总量	55,228			53,276			189,537		

指标解释：
省际迁移：指五年前的常住地在其他省份的人口。
净迁移量 = 省际迁入量 − 省际迁出量
净迁移量% = 净迁移总量/省际迁移总量 × 100%
省际迁移总量：所有省份的省迁入量的总和。
* 四川省 1997 年前的数据中包含重庆市。

数据来源:1990—2010: Kam Wing Chan, Migration and Development in China: Trends, Geography and Current Issues, *Migration and Development*, Vol. 1, No. 2, 2012, pp. 187-205.
2010—2015: 国家统计局人口和就业统计司编《2015 年全国 1% 人口抽样调查资料》，中国统计出版社 2016 年版，表 12-11。

总的来说，整个 25 年期间（1990—2015 年），净迁入总量最高的是广东（即最大的净迁入省），河南则为最大的净迁出省。众所周知，主要迁移是从内地到沿海：净迁入的 7 个大省全部在沿海地区，8 个大净迁出省则全是在内陆地区。

从表 3.3 能进一步看到，净迁入最多的是广东和浙江两个省。在整个 25 年期间，这两个省迁移量占全国省际迁移总量的 31.5%，而早期（1995—2000 年），两省合共的比重高达 40%，仅广东一省就占 34.3%。每一个五年时期单独计算，广东也是净迁入量最高的省份，是最热门的迁移目的地，但广东的比重自 2000 年以后逐步下降，在 2010—2015 年只占 15%。

第二大净迁入省是浙江。1990—1995 年，浙江是净迁出省，但 1995—2000 年，它已跃升成为全国第三大净迁入省，之后更攀升至第二大。在 20 世纪末，浙江迁移者流到国内很多的城市，以善于创业经商而闻名中国（及欧洲）。自 20 世纪 90 年代中期到 2005 年左右，浙江经济的高速增长使它成为迁入大省。有趣的是，广东和浙江两省也是中国近四五十年来净迁出国外（国际移民）的主要省份。随着两省的经济高速发展，加上不少人移民国外，流失了一些本省原来的劳动力，需要其他省份的移民来大量补充，所以成为最大的两个人口迁入省。

但是，自 2005 年以来，广东和浙江占迁移总量的比重逐步下降；迁出的人口增多了，迁入的人口减少了。这个变化反映了总体迁移模式的变化。由于大多数迁移者是流动人口，不能够获得居住地的户口，在年纪大了一点，有了家庭、子女之后，他们中的一部分人就比较难在目的地待下去。其中，大批第一代农民工返乡，但与此同时，因为过去计划生育政策的影响，年轻的流动人口的数量也减少了。另外，近十年有不少工厂迁往内地，这些都对广东和浙江两省的迁移量有所影响。

近年来，净迁出的大省也出现了一些变化。在 2000 年以前，在净迁出的省份中，四川省遥遥领先。在 1990—1995 年，四川省省际净迁出人口占了全国省际迁移总量的 14.1%，比其他的净迁出省份所占的比重高得多（第二大净迁出省安徽只占 7.2%）。但是，到了 2000—2005 年及 2005—2010 年，四川、安徽、河南、湖南四省中每个省的净迁出量占全国总量的比重都很接近（在 7%—9% 之间）。最近十年，虽然最大的净迁入省仍然由一两个省份（广东和浙江）独占，但净迁出的却是由几个省份平分，并非由四川独占（表 3.3）。这个现象反映了从 20 世纪 80 年代后期开始的区域产业结构调整，即内陆省份逐渐失去了制造业就业岗位，使工业主要集中在沿海地区，特别是广东（及浙江）。另外，不少农业省模仿四川将积极推动劳务输出作为经济战略，大量剩余农村劳动力不断向沿海省份输送。

表 3.3 也展示了各省在 1995—2015 年净迁移规模的排名。总体而言，变化不大。2005—2010 年的排名与前五年几乎完全相同，反映出该十年的区域经济分工基本上是稳定的。1995 年之前，情况却颇为不同。最明显的是浙江的变化，从 20 世纪 90 年代初的一个净迁出大省，到了 1995 年之后，变成一个净迁入大省。另一点值得注意的是，2010—2015 年，迁入广东和浙江的规模减低，四川、安徽、河南和湖南四个迁出大省份的净迁出也相应减少。其中一个重要原因是，面对沿海地区劳动力和其他成本的上升，不少工厂从沿海地区搬移到了内陆地区，也反映了农民工老化且部分返乡的情况。这个最新的变化，预示了迁移方向呈现转折，以及省际迁移总量放缓。

六、小　结

自 20 世纪 80 年代初以来，中国的国内迁移总量稳步增长。随着迅速的城镇化，农村人口向城镇的流动，在 20 世纪 90 年代上半期至 21 世纪初的二十多年里都保持着增长的势头。虽然户籍迁移量每年保持相对稳定，但非户籍迁移量却不断扩大。非户籍迁移人口为中国提供了一支庞大的低成本劳动大军，是中国的经济机器强大的动力源。

自20世纪90年代初以来，由于内陆省份农村存在大量的剩余劳动力，同时沿海省份的加工产业快速发展，因而产生了大量打工者的省际迁移：广东成为"世界工厂"的核心区，是省际人口迁移者的主要目的地，其次为浙江、上海、江苏、北京等地。改革开放初期迁出的大省只有四川，但随着时间的推移，更多的内陆省份也加快了输出劳务（农民工）的进程，在21世纪，安徽、湖南、江西等也成为输出农民工的重要大省。跨省的迁移流动可以缩小省与省之间从数据上表现的经济差距，但没有解决城乡二元体制所带来的实质差距。流动有利于解决内陆省份就业不足的问题，短期内可以舒缓农村的贫困状况，但是户口制度的制度排斥和歧视仍然存在，仅仅流动不足以解决城乡差距，以及农民家庭所面临的长远生计、发展的问题，这些在第六、七章再进一步分析。

 延伸阅读

1. 蔡昉：《中国流动人口问题》，社会科学文献出版社2007年版。

2. 段成荣、杨舸、马学阳：《中国流动人口研究》，中国人口出版社2012年版。

3. 国家卫生健康委员会编：《中国流动人口发展报告2018》，中国人口出版社2018年版。

4. 国务院人口普查办公室、国家统计局人口和就业统计司编：《发展中的中国人口：2010年全国人口普查研究课题论文集（中册）》，中国统计出版社2014年版。

5. C. Cindy Fan, *China on the Move: Migration, the State, and the Household*, Routledge, 2008.

6. Kam Wing Chan and Man Wang, Remapping China's Regional Inequalities, 1990-2006: A New Assessment of *de Facto* and *de Jure* Population Data, *Eurasian Geography and Economics*, Vol. 49, No. 1, 2008.

7. Kam Wing Chan and Xiaxia Yang, Internal Migration and Development: A Perspective from China, in Tanja Bastia and Ronald Skeldon (eds.), *Routledge Handbook of Migration and Development*, Routledge, 2020, pp. 567-584.

第四章
城镇化策略与大中小城市发展趋势、演变与作用

一、中国的工业化与"不完整"城镇化

正如第一章指出的，中国城镇化特殊性最重要的一点是，国家在城镇化的过程中起着决定性的作用，而不是市场。同时，国家城镇化战略长期服从于国家的工业化战略。与其他发展中国家不同，中国在20世纪50年代中期开始的城镇化进程中，并没有打算将传统农村人口中的大部分"城镇化"。中国实行的是"不完整"城镇化策略，这是工业化战略的一部分，一方面通过"剪刀差"的不等价交换，提取农村资源；另一方面，控制城镇人口的增长，以节约工业化过程中的城镇化成本。用行政手段控制、通过制度巩固的城乡分隔的"大二元"结构，是这种工业化—城镇化模式的根基，户籍制度是这一战略的重要组成部分，其核心是户籍背后所包含的福利差异。改革开放前，"不完整"城镇化主要表现为，严格控制农村人口向城镇流动与迁移，城镇人口①增长缓慢，城镇人口比重被控制在很低的水平。尽管中国的工业高速发展，但城镇人口比重到1979年也只有19%，远远低于工业化水平应该达到的城镇化水平，低于其他发展中国家的城

---

① 在这段时期，城镇常住人口与城镇户籍人口基本上是一样的。

镇化水平。由于城乡经济社会的分割，农村人口不能向城镇迁移，堵塞了农村剩余劳动力的出路，阻碍了农村地区的社会经济发展。

20世纪80年代初，集体农业解体，农村劳动力可以流动，到城里打工，解决了部分农村剩余劳动力的就业问题。尽管当前中国的工业化从产值来看已进入中后期（农业占GDP的比重在10%以下），近四十年来城镇人口的增速提高了不少，但城镇人口仍然只占总人口的60%左右。人口流动的管制松动导致在90年代有大量农民工涌入城镇工作，但不能落户。农民工这种长期"人户分离"的现象，是改革开放以来"不完整"城镇化的主要表现形式，也是在中国特殊的行政主导型城乡二元体制之下独有的。

表4.1用三组统计数字（A、B、C栏）来说明"不完整"城镇化的过程，并突出改革开放前和改革开放以来的不同形式。从GDP产值来看，在过去七十多年里，中国已经相当快速地实现了工业化：非农业部门（第二、三产业）的比重从1955年的53.7%上升到2018年的92.8%，但是城镇人口的比重（也称为"常住人口城镇化率"）只有59.6%。在两组城镇人口数据（A与B）中，1955—1980年城镇常住人口比重与城镇户籍人口比重（也称为"户籍人口城镇化率"）相差无几，表明这两个人口群体在1980年以前基本上是一样的（E栏）。也就是说，这一时期城镇常住人口和享受国家福利的城镇户籍人口基本上是同一群体。然而，从20世纪80年代中期开始，这两个比率开始出现明显的差距，"两率之差"在2014年达到了总人口的18.9%。这表明虽然越来越多的人可以进城，但大部分人没有获得城镇户籍，这些没有城镇户籍的人口是城镇廉价劳动力的主要来源。

表 4.1　城镇户籍人口、城镇常住人口和非农业国内生产总值（GDP）的百分比（1955—2018）　　（单位:%）

年份	A. 城镇户籍人口（非农业人口）占全国总人口的百分比（户籍人口城镇化率）	B. 城镇常住人口占全国总人口的百分比（常住人口城镇化率）	C. 第二、三产业GDP占全国GDP的百分比	D = A - C	E = A - B（"两率之差"）
1955	15.2	13.5	53.7	-38.5	1.7
1958	18.5	16.2	65.9	-47.4	2.3
1965	16.7	18.0	62.1	-45.4	-1.3
1970	15.3	17.4	64.8	-49.5	-2.1
1975	15.4	17.3	67.6	-52.2	-1.9
1978	15.8	17.9	71.8	-56.0	-2.1
1980	17.0	19.4	69.8	-52.8	-2.4
1985	20.1	23.7	71.6	-51.5	-3.6
1990	21.1	26.4	72.9	-51.8	-5.3
1995	23.8	31.7	80.0	-56.2	-7.9
2000	26.1	36.2	84.9	-58.8	-10.1
2005	32.0	43.0	87.8	-55.8	-11.0
2010	34.3	50.0	90.4	-56.1	-15.7
2014	35.9	54.8	91.8	-55.9	-18.9
2015	39.9	56.1	91.1	-51.2	-16.2
2016	41.2	57.3	91.4	-50.2	-16.1
2017	42.3	58.5	92.1	-49.8	-16.2
2018	43.4	59.6	92.8	-49.4	-16.2

数据来源：历年的《中国统计年鉴》《中华人民共和国全国分县市人口统计资料》及本书表 6.2.1。

图 4.1 绘制了中国工业劳动人口与城镇人口比重的轨迹图，展示了不同时期"不完整"城镇化的形式。图中的直线显示了在市场经济下，工业劳动人口与城镇人口比重的"标准"趋向①，曲线显示了中国城镇人口比重的轨迹。可以看到，在 20 世纪 50 年代，原来的城镇

---

① 通过直线回归分析 29 个市场经济第三世界国家 1980 年的数据得到结果。

人口比重是比较接近标准的,但随着"不完整"城镇化战略在六七十年代的全面推行,中国的城镇化轨迹逐步偏离标准。这个偏差,直到80年代才有所改变,之后城镇化逐步趋向正常。

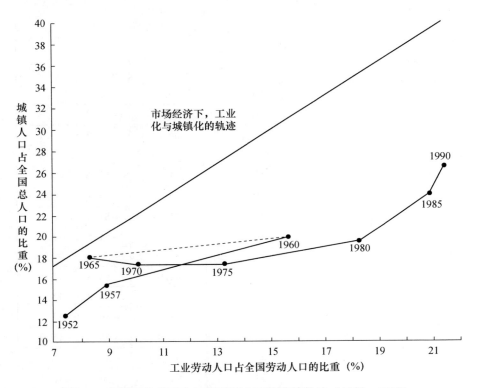

图 4.1　中国工业劳动人口与城镇人口比重的轨迹（1952—1990）
注：直线是通过回归分析 29 个国家数据得到的结果。图中虚线表示 1960—1965 年的数据不太准确。
资料来源：Kam Wing Chan, *Cities with Invisible Walls：Reinterpreting Urbanization in Post-1949 China*, Oxford University Press, 1994, p. 90.

但是,图 4.1 主要展示了"不完整"城镇化策略在改革开放前的做法,即主要集中在控制人口迁入城镇方面。正如前章指出的,这一策略在改革开放后逐渐演变为让农民工进城,但不能享受城镇福利的做法。图 4.2 是改革开放前后两个不同时期"不完整"城镇化形式的概念图。图中的细虚线表示市场经济的标准轨迹,实线表示中国城镇常住人口比重的变化轨迹,粗虚线是城镇户籍人口比重的变化轨迹。

从图 4.2 可以看到，在改革开放前，当时实行"不完整"城镇化策略，主要是控制农村人口进入城镇，城镇常住人口和城镇户籍人口的比重差别不大。改革开放后，"不完整"城镇化策略的关键并不是控制农村人口进入城镇，而是控制城镇户籍人口的增长，即农村人口可以进城，但不能获得城镇户口。两种不同的做法，同样都可以使中国的工业化用比较低成本的方式来实现，改革开放后的做法还可以给中国供应大量的廉价劳动力。

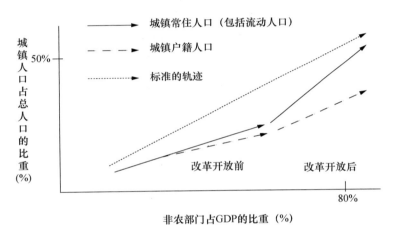

图 4.2　中国工业化与城镇化的趋势概念图

资料来源：Kam Wing Chan（with Fang Cai, Guanghua Wan, and Man Wang），*Urbanization with Chinese Characteristics*：*The Hukou System and Migration*，Routledge，2018，p.4.

二、城市人口统计指标

城镇化指标是社会经济发展的重要指标，也是我们探讨城镇化策略、大中小城市发展的必需指标。在中国，城镇化达到什么水平、城镇人口有多少等问题异常复杂。这主要是因为中国依然使用计划经济时期采用的行政区划系统的指标，特别是城镇并用户籍人口和非户籍人口的统计数据，造成了一定的混乱。

在中国，每一个城市往往有多个人口指标。究其原因，主要是中国整个城镇行政、统计系统比较复杂，而且有些指标的名称重复。再加上近四十年城市市辖区行政区域调整频繁，统计的口径也不断改变，增加了一些混乱。另外，经济方面的统计（如人均 GDP）是考核地方官员政绩的重要指标，因为利益的关系，部分统计数据可能多了一些"人为"的因素，使得统计数据的准确性存在一定的问题。

这里综合了国内外几方面的材料，并结合国际通用的做法，对当前中国城镇人口统计，特别是大城市人口的指标、数据存在的问题进行分析，厘清定义，提出使用城镇人口的统计标准及指标，然后用来分析大中小城市几十年来变化的趋势。

1. 城市和城镇人口的定义

要作城市发展和相关现象的定量分析，首先必须划出有意义的城市地域界限，才可以界定人口的规模。根据国际城市研究学者通用的定义，从城市功能的角度看，城市是指一个以居民一天的"生活圈"为地域的范围，而不是指行政管辖的地域。几乎任何较有规模的城市，都包含人口密集的"城市核心区"（urban core），再加上连延的住宅和工业的"郊区"（suburbs），这两块构成了一个我们一般所讲的"城市"，也叫"都会区"（metropolitan area），这样的城市往往有别于城市的行政区的边界（各国的具体情况不尽相同）。发达国家的大城市，由于交通发达，都有大范围的郊区。① 郊区的功能与城市核心区密切相关，郊区与城市核心区有每日上下班的"通勤"活动，所以郊区也可叫"通勤区"。城市核心区与通勤区有密切的交通联系（如高速公路、铁路网等），形成经济上（主要是劳动力市场）一体化的"都会区"，日本也叫"通勤圈"。日本的东京是公认的世界上最大的城市，其实指的是"东京都会区"（也叫"东京都市圈"），而

---

① 这样对"郊区"的定义，跟国内一般的理解不尽相同，参见黄荣清：《是"郊区化"还是"城市化"？——关于北京城市发展阶段的探讨》，载《人口研究》2008 年第 1 期。

不是指行政上的"东京都"的行政地域。东京都会区人口约有 3,000 多万①，比东京都（人口约 1,000 多万）要大得多。

中国的"市"从设置上说是一个行政单位。目前，许多中国大城市（指地级或以上）的行政区（见图 4.3 中 A 部分）一般覆盖广泛的地域，行政上可分为"区"或"市辖区"（图 4.3 中 B 部分）及"市辖县（县）"。②在形态功能上，城市的行政区包含了城市核心区

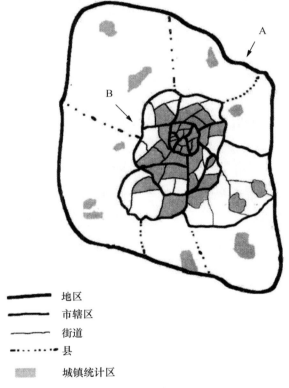

— 地区
— 市辖区
— 街道
┈ 县
▨ 城镇统计区

图 4.3　中国地级城市地域组成单位图

资料来源：Kam Wing Chan, Misconceptions and Complexities in the Study of China's Cities: Definitions, Statistics, and Implications, *Eurasian Geography and Economics*, Vol. 48, No. 4, 2007, pp. 383-412.

---

① See Richard L. Forstall, Richard P. Greene, and James B. Pick, Which Are the Largest? Why Lists of Major Urban Areas Vary So Greatly, *Tijdschrift voor Economische en Sociale Geografie*, Vol. 100, No. 3, 2009, pp. 277-297.

② 个别城市（如东莞市）例外。

(即高密度的建成区)、人口密度较低的郊区,以及大片散布着城镇、村庄的农村地区(有些行政上也叫"区",有些叫"县")。这些城市行政区的面积非常大,应更贴切地称为"地区",而不是"城区"。最极端的例子是重庆市,它的行政区域有 82,300 平方公里(约等同奥地利全国的面积),2010 年的常住人口有 2,885 万,2020 年是 3,205 万。在重庆市的行政地域(地区),2010 年超过一半的就业人口实际上从事的是农业活动。因此,这个 3,000 多万的人口数字不能作为"都会区"的人口。

就算是较小的"市辖区"部分(如图 4.3 中的 B 部分,范围覆盖所有的市辖区),特别是离城市核心区较远的市辖区,仍然包含不少乡村及从事农业的人口。要算出统计意义上真正的城镇人口,须根据城镇的特征来甄别出"城镇统计区"(urban statistical area)(如图 4.3 中的阴影部分),排除农村的部分。"城镇统计区"是一个统计概念,与行政上划分的"市辖区"不同。国家统计局从 2000 年起,就是用这个口径来划分城镇人口的。其主要标准是,城镇统计区的人口密度要达到每平方公里 1,500 人,或是与建成区毗连等等。[①]如图 4.3 所示,大部分的城镇统计区是在市辖区(B)内,但也有在市辖区以外。在市辖区内城镇统计区的人口可被视为市辖区里真正的城镇人口。

2. 不同的"城市人口"指标

借助图 4.3,表 4.2 列出了 2000 年与 2010 年十大城市的四项常用人口指标及数据。前面的三项指标是采自中国人口普查的常住人口(即实际居住的人口)。根据图 4.3 所示的三种不同的地域口径,可以

---

① 参见国家统计局 1999 年发布的《关于统计上划分城乡的规定(试行)》及 2008 年的《统计上划分城乡的规定》。有关 2000 年以前城镇人口统计的详细标准及调整,可参考北京大学城市与环境学系:《中国城镇化水平值的修补和城市规模分布研究》,载国务院人口普查办公室、国家统计局人口和社会科技统计司编:《2000 人口普查国家级重点课题研究报告(第六卷)》,中国统计出版社 2005 年版,第 2131—2181 页。

说明指标Ⅰ、Ⅱ，分别为图4.3中行政区域A、B内的常住人口的总和；指标Ⅲ只是指市辖区内城镇统计区的人口，也就是在市辖区（B范围）内阴影部分的人口的总和。

在这三个指标中，指标Ⅲ（UPC）是最接近国际上"都会区"的人口概念，或联合国人口司使用的"城市集聚区"的人口概念，是目前几个指标中唯一可用的作为都会区人口的指标。在中国，目前还没有系统的通勤数据来准确界定城市大都市的边界，但根据对北京2000年与2010年人口普查数据的详细分析及一些城市的初步测算，可以这样说，指标Ⅲ所覆盖的范围，要比用通勤来界定的都会区的稍大，因为指标Ⅲ包括了一些在通勤圈以外地域的人口。[①] 国务院2014年发布的《国务院关于进一步推进户籍制度改革的意见》按照城市规模的不同实行有差别的户籍控制政策，也是以此UPC作为城市规模的口径。

在中国，最容易获得的公开的城市人口统计数据，不是常住人口，而是公安部公布的户籍登记人口。这个数据在2013年前每年都会通过《中华人民共和国全国分县市人口统计资料》对外公布。户籍登记的类别，是决定一个人的居住权利和福利等的重要依据。户籍登记统计数据，见表4.2的指标Ⅳ（NPC），是指在市辖区内有本地户籍的人口，属于城市常住人口的一部分。目前几乎所有的大城市中，户籍人口都比常住人口少，因为户籍人口不含没有本地户籍的"流动人口"。这可从表4.2中指标Ⅱ跟Ⅳ之差看出来。这个差距在深圳尤为巨大：2010年深圳市户籍人口只有260万，而同年同地域的常住人口却有1,036万，相差776万。这种巨大的差距显然对分析深圳的人

[①] 这个可以从北京市2000年的市辖区范围看出来。当年的市辖区包括门头沟区和房山区，这两个区大部分地域在2000年明显不是在北京市的通勤圈内。2010年也有类似的情况。See Richard L. Forstall, Richard P. Greene, and James B. Pick, Which Are the Largest? Why Lists of Major Urban Areas Vary So Greatly, *Tijdschrift voor Economische en Sociale Geografie*, Vol. 100, No. 3, 2009, pp. 277-297. 另参见王放、〔美〕陈金永：《北京"大都会区"的界定与探讨》，载《中国人口科学》2014年第3期。

表 4.2　中国人口规模最大的十个城市（2000 年与 2010 年）

(单位：百万人)

		2000				2010			
人口类别		Ⅰ. 市总人口（含县）	Ⅱ. 市辖区人口（PC）	Ⅲ. "城镇"人口（UPC）	Ⅳ. 非农业户籍人口（NPC）	Ⅰ. 市总人口（含县）	Ⅱ. 市辖区人口（PC）	Ⅲ. "城镇"人口（UPC）	Ⅳ. 非农业户籍人口（NPC）[c]
覆盖的地域		地区（市辖区+市辖县）	市辖区	市辖区内的城镇统计区	户籍人口[c]市辖区	地区（市辖区+市辖县）	市辖区	市辖区内的城镇统计区	户籍人口
			常住人口[b]				常住人口[b]		
排名[a]	图 4.3 的相关部分	A	B	C	B	A	B	C	B
1	上海	16.41	14.35	13.46	9.86	23.02	22.32	20.22	12.29
2	北京	13.57	11.51	9.88	7.63	19.61	18.83	16.45	9.65
3	重庆	30.51	9.69	6.17	6.61	28.85	15.69	10.78	7.42
4	深圳	7.01	7.01	6.48	1.00	10.36	10.36	10.36	2.60
5	广州	9.94	8.52	7.55	4.36	12.70	11.07	9.70	6.64
6	天津	9.85	7.5	6.76	4.92	12.93	11.09	9.56	5.69
7	武汉	8.31	8.31	6.79	4.41	9.79	9.79	7.54	6.16
8	东莞	6.45	6.45	3.87	0.40	8.22	8.22	7.27	0.91
9	佛山[d]	5.34	0.77	0.77	0.42	7.19	7.19	6.77	3.71
10	南京	6.13	3.62	3.51	2.56	8.00	7.17	5.83	5.11

数据来源与解释：

[a] 按 2010 年 "城镇人口" 数据排列。
[b] "五普" 及 "六普" 人口普查数据。
[c] 公安部公布的当年年底户籍人口数。参见中华人民共和国公安部编：《中华人民共和国全国分县市人口统计资料（2000 年）》，群众出版社 2001 年年版；公安部治安管理局编：《中华人民共和国全国分县市人口统计资料（2010 年）》，群众出版社 2011 年版。
[d] 按 2010 年行政区范围计算。

口、经济极为重要，尤其是用于计算人均指标，在这方面，不谨慎的使用者（包括传媒、学者）造成的错误已经有不少。①

表 4.2 列出的全国 2010 年十个人口最多的城市，排名依据的是 2010 年指标Ⅲ的数据。这个排名跟人们普遍的看法大致相同。中国最大的城市是上海，不是重庆；在 2010 年，重庆城镇人口只有 1,078 万，远远低于一些国外媒体所称的城镇人口近 3,000 万的说法。中国的地级市（2010 年有 287 个）四个主要的人口统计指标包括的范围解释如下：

（1）市总人口（城市辖区和县的总人口）：这个统计数据指的是一个相对大的行政区域，即原来称为"地区"（即图 4.3 中的 A 部分）的常住总人口。"地区"包括了所有的"市辖区"和"县"。

（2）市辖区人口（PC）：这是指"市辖区"（即图 4.3 中的 B 部分）的常住人口。在 20 世纪 90 年代中期之前，市辖区基本上是与具有城市功能的市区吻合，PC 可以代表城市常住人口。但是，从 90 年代后期开始，许多大城市市辖区的范围大幅度扩延，特别是在近十多年，大量农村地区被划入"市辖区"的范围，使得 PC 包含不少农村人口。

（3）城镇人口（UPC）：为了解决 90 年代后期 PC 包含农村人口的问题，在 2000 年和 2010 年的全国人口普查中，国家统计局使用了一个新的指标来表示城镇功能性的人口，即"城镇人口"（UPC）。UPC 只包括市辖区内的"城镇统计区"②的常住人口（即图 4.3 中 B 部分内有阴影区域）。UPC 是代表城镇人口最适当的统计指标。

（4）非农业户籍人口（NPC）：这是指在图 4.3 的 B 部分中持有某

---

① 可以参阅以下两篇文章中所举出的大量例子：Kam Wing Chan, Misconceptions and Complexities in the Study of China's Cities: Definitions, Statistics, and Implications, *Eurasian Geography and Economics*, Vol. 48, No. 4, 2007, pp. 383-412；John Gibson and Chao Li, The Erroneous Use of China's Population and *per capita* Data: A Structured Review and Critical Test, *Journal of Economic Surveys*, Vol. 31, No. 4, 2017, pp. 905-922.

② 具体的细则，参考国家统计局于 2008 年发布的《统计上划分城乡的规定》。

市非农业户口的人口（也泛称"城镇户籍人口"）。这个指标从20世纪60年代初开始使用，当时中国开始实行严格控制人口向城市迁移的措施。在户籍制度下，NPC是指能够在城市获得福利和享有一定权利的人口。

如表4.1所示，全国的非农业户籍人口（城镇户籍人口）在20世纪70年代末之前，基本上跟城镇常住人口的规模非常接近，因为当时农业户籍人口要将户籍迁到城市是非常困难的，流动人口的数量极少。但从70年代末开始，由于流动人口逐步增加，非农业人口与城镇常住人口两个统计数字之间的差距不断扩大。2010—2018年，全国城镇户籍人口只占城镇常住人口的七成左右（根据表4.1计算而得）。在个别城市，特别是流动人口的主要目的地，这一比重更低。深圳和东莞是两个极端的例子。在2000年和2010年，两地城镇户籍人口（NPC）的比重只占6%—25%（表4.2）。显然，从20世纪80年代初以来，NPC这一指标不能用来衡量城市人口增长的数据。

但是，上述各项城市人口的数据公布时，往往没有清晰地解释它们的口径与范围，导致使用者不能正确地理解和使用，造成很多谬误。另外，还有不少学者把NPC当作城市（常住）人口指标，使得许多研究中国城市的学术论文中，城市人口及其增长率被严重低估，人均GDP被高估，从而得出一些错误结论。

为了使数据在不同时期大致可比，我们的分析需要在不同时期使用合适的统计指标：在1953—2000年要用PC，在2000—2010年要用UPC。基于目前数据的限制，我们只分析地级及以上的城市［即省级和地级市（Provincial- and Prefecture-Level Cities），以下称为"PPL城市"］，不包括县级市。PPL城市是中国城市体系中的核心部分，在城市体系中，其行政权力及经济力量比县级市大得多。PPL城市的总城镇人口占全国城镇人口的55.8%—63.1%（见表4.3）。

我们从几次全国人口普查中整理了一个比较齐全的PPL城市样本数据用作分析。在这些样本中，2000年和2010年涵盖了几乎所有存

表 4.3 市（及镇）的构成（1982—2010）

城镇人口*	A. 城市数目（个）				B. 城镇人口（百万人）				C. 城镇人口占全国城镇人口的比重（%）				D. 分组规模（占样本总城镇人口的%）			
	1982	1990	2000	2010	1982	1990	2000	2010	1982	1990	2000	2010	1982	1990	2000	2010
省、地级市（PPL 城市）样本																
500万以上	3	3	7	14	17.1	21.4	58.6	127.3	8.0	7.2	12.8	19.1	16.0	14.3	22.5	34.3
100—500万	33	38	54	67	55.9	71.9	107.4	136.7	26.0	24.2	23.4	20.5	52.2	48.0	41.3	36.8
50—100万	31	46	75	99	20.9	31.8	52.1	70.5	9.7	10.7	11.3	10.6	19.5	21.2	20.0	19.0
20—50万	33	66	108	91	12.5	23.1	38.7	34.0	5.8	7.8	8.4	5.1	11.7	15.4	14.9	9.2
20万以下	6	11	18	16	0.7	1.7	3.1	2.6	0.3	0.6	0.7	0.4	0.7	1.1	1.2	0.7
总数	106	164	262	287	107.1	149.9	259.9	371.1	49.9	50.5	56.6	55.8	100	100	100	100
全国																
省、地级市（PPL 城市）	115	188	263	287	120.0	187.2	259.9	371.1	55.9	63.1	56.6	55.8				
县级市	129	279	400	367	29.3	24.1	85.7	102.0	13.6	8.1	18.7	15.3				
市的汇总	244	467	663	654	149.3	211.3	345.6	473.1	69.5	71.2	75.3	71.1				
镇的汇总	2,664	12,084	19,883	19,410	65.5	85.3	113.5	192.5	30.5	28.8	24.7	28.9				
市镇汇总	2,908	12,551	20,546	20,064	214.8	296.6	459.1	665.6	100	100	100	100				

注：* 按合适的城镇人口计算：1982 年为 PC；1990 年、2000 年、2010 年为 UPC。表中数据因四舍五入，存在部分总计与分项合计不等的情况。

数据来源及解释：全国数据来自历年的人口普查数据。

在的 PPL 城市（99%—100%）；2000 年以前的年份，覆盖率稍低（见表 4.3）。我们利用这些可比的城市人口数据，计算出城市规模分布的指标，包括空间基尼系数（spatial gini coefficient），同时计算不同规模城市组的人口增长率。因为城市的规模会随着时间变化，一般是由小增大，一个城市会从较小的人口规模组，几年之后，移到较大的人口规模组。我们根据"不变城市名单"（fixed list）的原则来计算每组城市的人口增长率，即在每一个时期的比较中，城市的名单保持不变。为了得到最多的可用数据，同时又在该段时期内保持可比的城市人口，我们为每个时期建立了各自的城市子样本。这样的做法使现有的数据可以被充分利用，尽量使每个时期的城市总数达到最高，具体的数目列在表 4.3 中。总的来说，样本覆盖了全国 PPL 城市的大约 80%—100% 的人口，可以用来反映整体的情况。被排除的 20 多个地级市，几乎全部都是在 1990 年以前非常小的地级市（人口低于 50 万），因为这些小城市行政地域范围变化频繁，造成增长率大起大跌，不适宜放在计算"集中趋势"（central tendency）的样本中。

三、大中小城市发展政策

在分析大中小城市人口的变化之前，我们先讨论一下国家关于大中小城市发展的策略，这个也是不完整城镇化策略的一个重要组成部分。在中国，城市规模与行政体系中的权力有密切的关系。大城市拥有的行政权力比中小城市拥有的大得多，大城市掌握更多的财政资源，所以在人均社会福利方面都排在前面。大城市的福利水平比小城市高，国家要付出的人均福利成本也更高。

正如前文所说，在许多苏俄式计划经济体系的发展战略中，压低城镇化成本是一项基本的策略，这不但会造成巨大的城乡差别，也导致"城镇化不足"或"不完整"的城镇化现象。中国也实施了压低城镇化成本的策略，通过体制（如户籍）和有关的政策控制人口向城市迁移，特别是向大城市迁移，使城市福利的总体成本得到控制。控制大城市人口规模这个政策及理论根源，可以追溯到列宁的城市观。①在改革开放以前，主要的措施是禁止农民流动到城市，特别是大城市，因为大城市的福利水平高，居民享有的福利比在中小城市要高得多。从20世纪60年代初开始，国家推行的政策是根据城市规模的大小加以区别，具体是控制大城市（当时的口径是人口超过50万的城市）的增长，"合理发展"人口在20万—50万的中等城市，"积极推动"小城市的发展，②政策的结果是形成比较均衡的城市规模分布。

在80年代中期，国家逐渐转向出口导向型的经济发展战略，总的城镇化策略仍然是推行"不完整"的城镇化，目的同样是压低城镇化成本，但是采用的手段不同。改革开放后，允许农村户籍人口流动到城市，但不能落户，不能享受城市福利。在初期，当流动人口的规模还是很小时，这种做法没有造成大的社会问题。然而，当流动人口的规模逐步增大，达到2010年的2亿人，占城镇人口比重的1/3时，这种做法就造成了一些严重的问题，如城市交通拥堵、住房短缺、流动儿童不能上学等。

总的来说，流动人口要获得城镇户籍并不容易，但是根据不同的城市规模，政策也有所区别。表4.4列出了城市规模大小与福利提供、户口的"含金量"及获得的难度等信息。城镇、小城市由于提供较少的城市福利，所以落户相对容易。但是，随着城市规模的增大，城市的福利增多，对迁移人口的吸引力越大，落户就越难。迁入沿海的一线大城市（北京、上海、广州、深圳），获得户口更是难上加难。这些城市往往具有全国最好的福利，有最好的医疗、教育等设施，户口的"含金量"极高。有报道说，一线城市户口绑定的多项福利的价值，

---

① 参见邓杰：《近代以来上海城市规模的变迁》，上海社会科学院出版社2017年版，第88—102页。

② 参见周一星：《论中国城市发展的规模政策》，载周一星：《城市地理求索》，商务印书馆2010年版，第185—190页。

特别是北京的，动辄可以超过百万元。[①]

表 4.4　分城市类型福利提供与户籍制度改革进度

城市类型	城市福利承诺和提供的多寡	公共服务的筹资方式	户口"含金量"	地方政府户籍改革的动力	对迁移人口的吸引力	落户的难度
城镇及小城市	没有福利承诺，福利按商业方式提供	自我融资为主	非常低	有动力，比较积极	很小	很小
三、四线城市（内地一般城市）	承诺较少，某些公共服务提供不足	政府提供的渠道有限，自我融资能力尚弱	较低	有动力，有一定进展	一般	一般
二线城市及沿海一般城市	有必要的公共服务及福利提供	政府提供福利，自我融资，且其重要性日益提高	一般	动力逐步增强，进展较快	较大	较大
京沪等一线城市	保持较多承诺，提供的福利水平高	有自我融资渠道，但以政府提供的渠道为主	很高	动力不足，进展缓慢	巨大	巨大

资料来源：王美艳、蔡昉：《户籍制度改革的历程与展望》，载蔡昉主编：《中国人口与劳动问题报告 No.9》，社会科学文献出版社 2008 年版，第 180—193 页。

2014 年中央公布了《国家新型城镇化规划（2014—2020 年）》及《国务院关于进一步推进户籍制度改革的意见》，推行新的一轮城镇化，带动户籍改革。文件明确指出，大中小城市实行有差别的户籍开放：小城市的户籍完全开放；中等城市有序开放；合理确定大城市落户条件，但是严格控制大城市的人口规模及户籍（见表 4.5）。例如，"特大城市"[即"城镇人口"（UPC）超过 500 万人口的城市] 严格控制户籍和非户籍迁移。这个做法进一步加强了过往的大中小城市差别控制政策。[②]国务

---

① 参见《北京户口被指享受 80 余项福利 绑定利益超过百万元》，http://district.ce.cn/newarea/roll/201502/06/t20150206_4532717.shtml，2020 年 1 月 13 日访问。

② See Kam Wing Chan, China's Urbanization 2020: A New Blueprint and Direction, *Eurasian Geography and Economics*, Vol. 55, No. 1, 2014, pp.1-9. 2019 年 12 月底，中央有新的提法，具体内容在第六章讨论。

院也采纳了国家统计局对城市人口规模的口径,① 即本章所说的"城镇人口"（UPC），城市规模的差别控制政策也是以此为根据。

表 4.5 差异化的户籍迁移政策（2014 年）

城镇类型	城镇人口规模*	城市数目（2010 年普查数）	户口迁移政策
特大城市	500 万以上	14	"严格控制特大城市人口规模"
大城市	300 万至 500 万	12	"适度控制落户"
	100 万至 300 万	55	"合理确定落户条件"
中等城市	50 万至 100 万	91	"有序放开"
小城市和建制镇	50 万以下	16	"全面放开"

注：*城镇人口规模依据《国务院关于调整城市规模划分标准的通知》进行划分。

资料来源：根据《国务院关于进一步推进户籍制度改革的意见》整理而得。

四、城市规模分布和增长速度

1. 城市规模分布

从 1982、1990、2000、2010 年四次全国人口普查，我们可以整理出比较准确的城镇人口数据，用作分析。表 4.3 利用这些数据，勾画出 1982 年以后中国城镇体系的总体概况。2010 年，在全国城镇人口的 6.7 亿人中，约有 40% 住在 100 万人以上的城市，有 30% 在镇，处于两者之间的占 30%。还可以这样概括，在所有市的总城镇人口中，100 万人口以上的市的总城镇人口占了 56%，而 PPL 城市则占了近八成。这两个数字都说明了大城市及 PPL 城市的重要性。

---

① 参见《国务院关于调整城市规模划分标准的通知》《国务院关于进一步推进户籍制度改革的意见》。

这些普查的数据还可以用来计算空间基尼系数，测量城市分布的集中度（见表4.6）。总的来说，中国城市规模的分布是比较均匀的。2000年，世界上1,673个人口超过20万的大都市的空间基尼系数为0.56。[①]同等规模的中国城市，2000年的空间基尼系数只有0.33，而在2010年也只是0.36。中国城市的规模分布比世界上其他大国的要相对平坦些，情况接近以前的苏联（俄罗斯2000年的空间基尼系数为0.46）、东欧国家（2000年平均为0.45），反映了原计划经济体系中类似"城镇化不足"的现象。[②] 表4.6还显示，1957年，人口超过20万的中国城市空间基尼系数（0.48）比后来的高，这表明基尼系数的下降，与从20世纪60年代初开始实施的城镇化政策有关系，这也和第三章中论及的20世纪50年代中国城镇化水平比较接近正常水平的观点一致。

表4.6 中国城市空间基尼系数（1957—2010）

	1957年	1982年	1990年	2000年	2010年
城市空间基尼系数					
城市人口20万以上城市	0.48	0.42	0.40	0.33	0.36
全部城市	0.61	0.48	0.39	0.39	0.40
城市数目					
城市人口20万以上城市	80	172	382	455	523
全部城市	173	244	631	666	654
最大城市（上海）占的比重（%）					
全国城镇人口	6.1	2.9	2.7	2.9	3.0
全国总人口	0.9	0.6	0.7	1.1	1.5

数据来源与解释：根据PPL城市样本计算。"城市人口"的指标：1982年及1990年用PC；2000年及2010年用UPC。

---

① 资料来源：http://www.econ.brown.edu/Faculty/henderson/papers/UrbanizationandCityGrowth0804.pdf，2021年7月9日访问。

② See James C. Davis and J. Vernon Henderson, Evidence on the Political Economy of the Urbanization Process, *Journal of Urban Economics*, Vol. 53, No. 1, 2003, pp. 98-125.

中国城市的空间基尼系数低，反映了城市规模的集聚度低。这也可以从表4.7中看出来：虽然中国有庞大的城镇人口，但超大城市（指人口1,000万以上的城市）并不多，只有5个（以2014年算）。表4.7列出了世界上11个人口大国（人口超过1亿人）及其超大城市数目及人口规模的比较。以每1亿人算，中国超大城市的数目是最少的，比例为0.66，只有其他大国平均水平（1.33）的一半。同时，中国最大的城市上海的人口占全国城镇人口和总人口的比重分别为3%和1.6%，也是远远低于表中其他大国最大城市的相应平均值（12.9%和22.1%）。

从这个国际比较中也可以看出，相对来说，中国最大城市的规模其实不够大，还可以再增大；超大城市的数目也不够多，可以再多一些。这间接反映了在中国的经济中，生产要素的流动在地域间存在一定的障碍，特别是劳动力从低生产率地区（农村）往高生产率的地区（沿海地区）迁移存在不少障碍，即人口不能落户，[1]只能流动，也就是"落脚"但不能"落户"。这也是刘君德教授所说的"行政区经济"所造成的结果。[2]中国行政区经济的架构，激励了地方政府采取保护主义措施，在小的行政范围内尽量保护狭隘的本地区的利益，而可能牺牲更大的（区域、国家，或是长期的）利益。地方经济保护主义推动了次优化和低度的规模聚集。在这种体制下，大中城市的地方政府对于增加人口规模的动力并不大，更倾向于控制人口的进入。[3]

---

[1] See Chun-Chung Au and J. Vernon Henderson, Are Chinese Cities Too Small, *The Review of Economic Studies*, Vol. 73, No. 3, 2006, pp. 549-576.

[2] 参见刘君德主编：《中国行政区划的理论与实践》，华东师范大学出版社1996年版，第95—99页。

[3] 参见王小鲁：《中国城镇化路径与城市规模的经济学分析》，载万广华、蔡昉等：《中国的城市化道路与发展战略：理论探讨和实证分析》，经济科学出版社2012年版，第17—35页。

表 4.7 世界人口大国的超大城市的数目及人口规模（2014 年）

国家	全国总人口（百万人）	城镇化率（%）	城镇人口（百万人）	超大城市的数目	每亿人超大城市的数目	该国最大的城市 名称	人口规模（百万人）	占全国人口的比重（%）	占城镇人口的比重（%）
中国	1,394	54	758	5	0.66	上海	23	1.6	3.0
印尼	253	53	134	1	0.75	雅加达	30	11.9	22.4
美国	323	81	263	2	0.76	纽约	19	5.9	7.2
俄罗斯	142	74	105	1	0.95	莫斯科	16	11.3	15.2
墨西哥	124	79	98	1	1.02	墨西哥市	21	16.9	21.4
巴西	202	85	172	2	1.16	圣保罗	21	10.4	12.2
巴基斯坦	185	38	71	1	1.41	卡拉奇	16	8.6	22.5
印度	1,267	32	410	6	1.46	德里	24	1.9	5.9
日本	127	93	118	2	1.69	东京	38	29.9	32.2
孟加拉	159	33	53	1	1.89	达卡	17	10.7	32.1
菲律宾	100	45	45	1	2.25	马尼拉	22	22.0	49.4
不加权平均数（不包括中国）					1.33			12.9	22.1

注释和数据来源：超大城市是指人口超过 1,000 万的城市；城市人口指都会地区的人口。
全国总人口和城镇人口的数据来自联合国（UN Population Division of the Department of Economic and Social Affairs, World Urbanization Prospects: The 2014 Revision, 2015, https://population.un.org/wup/publications/files/wup2014-report.pdf, visited on 2021-07-09）。
根据 UPC 来计算中国超大城市的数量，其他国家的数据来自 Joel Kotkin, *Size Is Not the Answer: The Changing Face of the Global City*, Civil Service College of Singapore, 2014.
卡拉奇市的人口数来自联合国（UN Population Division of the Department of Economic and Social Affairs, World Urbanization Prospects: The 2014 Revision, 2015, https://population.un.org/wup/publications/files/wup2014-report.pdf, visited on 2021-07-09）；Richard L. Forstall, Richard P. Greene, and James B. Pick, Which Are The Largest? Why Lists Of Major Urban Areas Vary So Greatly, *Tijdschrift voor Economische en Sociale Geografie*, Vol. 100, No. 3, 2009, pp. 277-297。

2. 大中小城市的增长格局

1949 年之后，中国的城市体系迅速扩大。1953 年，全国城市有 163 个；1982 年，城市增加到 245 个；① 2010 年，城市数量为 654 个。图 4.4 引用了我早期的研究，显示了 1953—1982 年按城市规模分组所得的城市城镇人口年均增长率。除了在 1953—1957 年迁移相对自由的时期（大城市增长最快）外，城市增长率与城市规模在 1957—1982 年呈负相关，表明这段时期的城镇化策略，是要减缓大城市的人口增长速度。这个基于市辖区人口（PC）数据的分析，与现有文献使用非农业户籍人口（NPC）的分析结果②大致相同。正如前所述，1982 年之前，NPC 和 PC 两者的差异很小。

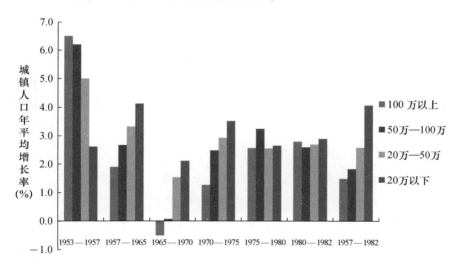

图 4.4　根据规模分组的城市的城镇人口年均增长率（1953—1982）
资料来源：Kam Wing Chan, City Growth in Post-1949 China: Spatial and Temporal Dimensions, Paper presented at International Geographical Union Regional Conference, Beijing, August 13-20, 1990. 人口年均增长率为城镇人口加权平均数。

---

① 参见国家统计局城市社会经济调查总队编：《新中国城市五十年》，中国统计出版社 1999 年版，第 5 页。

② 例如，许学强：《中国城市体系发展中的新城市（1953—1986）》，载许学强：《中国城市化理论与实践》，科学出版社 2012 年版，第 126—151 页。

然而，1982年以后情况有所改变。因为NPC的数据不能用作分析城镇人口的变化，我们编制了1982年、1990年、2000年和2010年可用的城镇人口（UPC）数据，并按城市规模组（不变城市名单）来计算增长率。在比较不同城市规模组的平均增长率时，我们取中位值，中位值更能反映每一组的总体情况，而不是像平均值容易受到某一两个极端的增长率的扭曲，通常出现极高增长或是负增长率的，都是一些小城市。

表4.8和图4.5显示，1982—1990年，20万以下的城市城镇人口增长最快（中位值为每年4.10%），其次是20万—50万的城市规模组。最大的两个城市规模组的中位值年均增长率最低。在这段时期，流动人口的规模依然不大，城市常住人口与非农业城市人口的增长率都非常接近，说明在20世纪80年代，控制大城市人口增长的策略仍然比较有效。

然而，到了90年代，一直都是小城市人口增长率最快的情况开始改变。有些100万以上人口的城市开始进入快速增长时期，主要原因是流动人口在大城市迅速扩大。数据分析的结果与现有文献基于NPC数据所作出的结论①有巨大的差别。2000—2010年，规模最大的两个城市组的年中位值年均增长率最高，500万以上人口的城市达到3.54%，100万—500万人口的城市为3.09%（表4.8），100万以下人口的城市中位值年均增长率都在3.00%以下。

为了进一步探讨城市增长率的驱动因素，表4.9列出了在2000—2010年15个增长率最高的百万人口城市、15个增长率最低的百万人口城市。这30个城市代表了61个百万人口PPL城市中增长率最高的25%和最低的25%。该表还展示了一些其他可能相关的属性：城镇的

---

① 例如，George Lin, The Growth and Structural Change of Chinese Cities: A Contextual and Geographic Analysis, *Cities*, Vol. 19, No. 5, 2002, pp. 299-316; Li Zhang, Richard LeGates, and Min Zhao, *Understanding China's Urbanization: The Great Demographic, Spatial, Economic, and Social Transformation*, Edward Elgar Publishing, 2016, Chapter 3。

表 4.8 城市人口年均增长率（%）(1982—2010)

城市规模*	城市样本量			加权平均值			中位值			标准差		
	1982—1990	1990—2000	2000—2010	1982—1990	1990—2000	2000—2010	1982—1990	1990—2000	2000—2010	1982—1990	1990—2000	2000—2010
500万以上	3	3	7	2.66	3.16	3.75	2.28	2.37	3.54	1.69	2.11	1.31
100万—500万	33	38	54	2.27	3.18	3.62	2.55	1.08	3.09	3.16	3.81	1.95
50万—100万	31	46	75	3.44	3.38	2.13	2.99	2.87	1.79	3.13	2.89	1.83
20万—50万	33	66	108			3.19			2.96			2.34
20万以下	6	11	18	12.14	5.61		4.10	2.08		9.70	5.08	
总数	106	164	262	2.76	3.23	3.30						2.36

注：* 以该时期的首年的城镇人口为分组，如文中所述。
数据来源：PPL 城市样本。

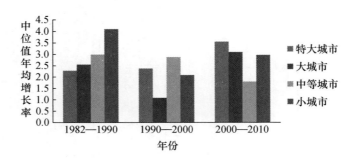

图 4.5　根据规模分组的城市的城镇人口中位值年均增长率（1982—2010）
数据来源：从 PPL 市样本数据（表 4.3）计算得来。
数据解释：1982 年和 1990 年的城镇人口的指标是 PC；2000 年和 2010 年的是 UPC。
1982—2000 年，特大城市是指城镇人口超过 100 万的城市；大城市是 50 万—100 万人；中等城市是 20 万—50 万人；小城市是 20 万人以下。
2000—2010 年，特大城市是指城镇人口超过 500 万的城市；大城市是 100 万—500 万人；中等城市是 50 万—100 万人；小城市是 50 万人以下。

人口规模、行政级别、省份、所属的"等次"（一、二、三线城市等）和 GDP 年均增长率。表中的数据表明，增长率最高的一组基本上是一、二线城市，行政级别较高，人口规模也较大；增长率最低的主要是二、三线城市，行政级别相对较低，人口也相对较少。增长率最高的一组，平均城镇人口规模在 2000 年比增长率最低的一组高了 34%。到了 2010 年，前者的平均城镇人口规模已是后者的两倍。同样可以看到的是，城镇人口增长率与 2004—2010 年 GDP 年均增长率之间存在一定的正相关关系（0.5）。同样显而易见的是，增长率最高的一组中的城市较多分布在华南和东南沿海地区（占 15 个城市中的 13 个），而增长率最低的一组主要是在东北（占 15 个城市中的 6 个）和内陆地区（4 个）。这些百万人口以上的城市人口的增长模式，大致反映了 21 世纪首个十年全国经济增长的地理分布格局。

在表 4.6 中，2000—2010 年，城市空间基尼系数有微小上升，这与该时期特大城市组、大城市组增长较快的分析一致。全球经验表明，随着工业化的推进，大城市在城市总人口中的比重会提高，空间基尼系数会逐步增大。①然而，在中国快速城镇化时期的1982—2000年，空间基尼系数反而下降，发展的趋势依然偏离"标准"的轨道。只有到了2000—2010年才得到扭转，空间基尼系数才上升，趋向正常的轨道。

表4.9 2000—2010年年均增长率最高及最低的15座百万城镇人口城市（2000—2010）

排名	名称	省份	行政级别#	市的"等次"（一、二、三线的类别）	GDP年均增长率（%），2004—2010*	城镇人口 2000年	城镇人口 2010年	年均增长率（%）
最高增长率的15座									
1	厦门	福建	2	2	15.2	1,454,450	3,119,110	7.93
2	合肥	安徽	3	2	28.9	1,549,476	3,098,727	7.18
3	宁波	浙江	2	2	15.7	1,334,393	2,583,073	6.83
4	中山	广东	4	3	20.4	1,434,251	2,740,994	6.69
5	苏州	江苏	4	2	17.9	1,750,251	3,302,152	6.55
6	东莞	广东	4	2	24.3	3,870,036	7,271,322	6.51
7	南宁	广西	3	2	20.5	1,464,560	2,660,833	6.15
8	惠州	广东	4	3	16.7	1,057,659	1,807,858	5.51
9	温州	浙江	4	3	13.1	1,583,387	2,686,825	5.43
10	佛山	广东	4	2	22.7	4,006,681	6,771,895	5.39
11	北京	北京	1	1	22.0	9,876,661	16,446,857	5.23
12	南京	江苏	2	2	17.9	3,510,887	5,827,888	5.20
13	深圳	广东	2	1	18.8	6,480,340	10,358,381	4.80
14	成都	四川	2	2	16.8	3,956,677	6,316,922	4.79
15	杭州	浙江	2	2	15.5	3,240,947	5,162,093	4.76
平均值			2.9	2.1	15.2	3,104,710	5,343,662	5.9
中位值			3.0	2.0	28.9	1,750,251	3,302,152	5.5
最低增长率的15座									
15	沈阳	辽宁	2	2	17.6	4,596,785	5,718,232	2.21
14	太原	山西	3	2	18.6	2,538,336	3,154,157	2.20
13	长春	吉林	2	2	13.8	2,750,204	3,411,209	2.18
12	昆明	云南	3	2	14.5	2,635,638	3,254,409	2.13

---

① See Paul N. Balchin, David Isaac, and Jean Chen, *Urban Economics: A Global Perspective*, Palgrave, 2000.

（续表）

排名	名称	省份	行政级别#	市的"等次"（一、二、三线的类别）	GDP年均增长率（%），2004—2010*	城镇人口 2000年	城镇人口 2010年	年均增长率（%）
11	汕头	广东	4	3	12.3	3,070,364	3,644,017	1.73
10	淄博	山东	4	3	15.2	1,929,403	2,261,717	1.60
9	淮南	安徽	4	3	18.9	1,062,430	1,238,488	1.55
8	武汉	湖北	2	2	19.1	6,787,482	7,541,527	1.06
7	邯郸	河北	4	3	16.7	1,206,398	1,316,674	0.88
6	鞍山	辽宁	4	3	13.3	1,389,660	1,504,996	0.80
5	吉林	吉林	4	3	17.0	1,448,434	1,469,722	0.15
4	潍坊	山东	4	3	16.4	1,263,016	1,261,582	−0.01
3	台州	浙江	4	3	12.9	1,200,809	1,189,276	−0.10
2	齐齐哈尔	黑龙江	4	3	14.0	1,338,587	1,314,720	−0.18
1	抚顺	辽宁	4	3	15.6	1,359,873	1,318,808	−0.31
	平均值		3.5	2.7	15.7	2,305,161	2,639,969	1.1
	中位值		4.0	3.0	20.4	1,448,434	1,504,996	1.1

注：* 2004年以前的人均GDP数据存在的问题较多，未被采用。
1 = 省级；2 = 副省级；3 = 其他省会市；4 = 其他地级市。

表4.10 2010年人口在500万以上城市的流动人口规模

城市	城镇人口	流动人口#	流动人口占城镇人口的比重(%)
上海	20,217,748	7,760,033	38.4
北京	16,446,857	8,073,594	49.1
深圳	10,358,381	8,278,275	79.9
广州	9,702,144	4,565,350	47.1
重庆	10,778,685	2,403,609	22.3
天津	9,562,255	2,689,506	28.1
武汉	7,541,527	2,365,001	31.4
东莞	7,271,322	5,665,017	77.9
佛山	6,771,895	3,412,965	50.4
成都	6,316,922	3,543,256	56.1
南京	5,827,888	2,007,537	34.4

（续表）

城市	城镇人口	流动人口#	流动人口占城镇人口的比重(%)
沈阳	5,718,232	1,587,413	27.8
西安	5,206,253	1,652,776	31.7
杭州	5,162,093	2,265,288	43.9
一线城市（N=4）	56,725,130	28,677,252	50.6
人口500万以上的城市（N=14）	126,882,202	56,269,620	44.3
全国所有的城镇	665,575,306	221,426,652*	33.3

注：# 只统计居住在"城镇统计区"的人口。
＊ 包括居住在"城镇统计区"以外的人口。
数据来源：国家统计局2010年全国人口普查分县资料。

五、大城市的流动人口和政策

非户籍流动人口的快速增长，是"超大城市"自20世纪90年代后期至21世纪10年代初人口高增长的主要原因。全国城镇流动人口的规模从2000年的1.21亿增加到2010年的2.21亿，增长了82%，而全国城镇人口在同期只增长了45.9%（表3.1）。在上海这个全国最大的城市，虽然常住总人口在这段时间增长了37.5%，但是流动人口却从2000年的317万增长到898万，增长了159%。①类似的情况也发生在北京。②表4.10显示，总的来说，流动人口占了全部城镇人口的1/3，但在500万人口的城市中比重高达44.3%；在一线城市中比重更高，达到50.6%。所以说，流动人口在大城市中所占的比例

---

① 参见励漪：《上海常住人口突破2300万 外来常住人口占39%》，https：//news.sina.com.cn/c/2011-05-05/033622407367.shtml，2022年6月27日访问。
② 参见《北京市2010年第六次全国人口普查主要数据公报》，http：//www.stats.gov.cn/tjsj/tjgb/rkpcgb/dfrkpcgb/201202/t20120228_30381.html，2020年2月3日访问。

最高。

　　面对流动人口的快速增长，目前的城镇化和户口政策是要求更严格地控制流动人口流向这些大城市。然而，流动人口之所以流向大城市，主要是这些大城市有大量就业的机会。大城市是当前中国经济增长的引擎，因为除了在行政体制中具有更多的优势之外，它们还有规模经济所产生的高生产率。大城市的人口集聚，也创造了更多的需求，降低了商业交易成本。[1]事实上，超大、特大城市是中国的技术中心和金融中心，是过去四十多年经济发展的重要动力。随着中国经济进一步市场化，在可预见的未来，超大城市的集聚力将会更有力地推动中国经济的发展。

　　一线大城市是国家的经济中心，旨在控制这些大城市规模的城镇化政策需要不断检视是否存在不恰当之处。世行的专家估算，目前控制大城市人口的政策造成的经济损失每年约占中国 GDP 一个百分点。[2] 同时，这些政策也加剧了收入的不平等，并与中国要提高内部消费比重的政策相违背。[3]放宽小城市户籍的限制，得益的人并不多，正如表 4.4 所示，小城市对外来人口的吸引力不大。私营部门和服务行业的岗位，大多数都是在大城市产生的。第三产业的持续发展也将导致更多的人口聚集，因为该部门拥有更高的集聚经济效率。[4]

　　由于土地稀缺，中国的城市必须采用高密度发展模式，大城市的高密度发展也更符合低碳发展新要求。由于大城市可以使用大型的集体运输交通系统，对环境造成的人均影响也较低。此外，中国推进城

---

[1] See J. Vernon Henderson, Zmarak Shalizi, and Anthony J. Venables, Geography and Development, *Journal of Economic Geography*, Vol. 1, No. 1, 2001, pp. 81-105.

[2] Bloomberg Business, The $2 Trillion Megacity Dividend China's Leaders Oppose: Cities, October 20, 2014, http://www.bloomberg.com/news/articles/2014-10-19/the-2-trillion-megacity-dividend-china-s-leaders-oppose-cities, visited on 2021-10-21.

[3] See Ming Lu and Guanghua Wan, Urbanization and Urban Systems in the People's Republic of China: Research Findings and Policy Recommendations, *Journal of Economic Surveys*, Vol. 28, No. 4, 2014, pp. 671-685.

[4] See J. Vernon Henderson, Urbanization in China: Policy Issues and Options, China Economic Research and Advisory Programme, Unpublished paper, 2009.

镇化过程中还有一个紧迫的任务，即要在不久的未来，为大量低收入的流动人口提供廉价的公共服务及相应的福利，就如我在第一章第一部分所论述的"历史任务"。事实上，大城市提供（同样的）公共服务的单位成本要比中小城市的低得多，这个在其他发展中国家已通过实践得到充分证明。①很多学者也指出，推动户籍改革，关键是扩大社会服务的容量，超大城市及大城市是最佳的提供者，因为在这里，人均社会服务成本是最低的。

六、小　结

本章利用人口普查中的人口统计数据，汇总了一个新的、可比的数据样本，分析了中国的城市规模分布和城市人口增长几十年来的趋势，并指出了现存文献中的一些问题。同时也与早期的研究成果进行比较，并对1949年之后大中小城市的发展变化作全面分析。

从计算出来的城市空间基尼系数中可以看到，1957年中国城市规模分布的差异，比较接近世界上大多数国家的一般情况。但是，进入60年代后，随着计划经济的进一步推行并追随社会主义国家的城镇化策略，城市规模的分布趋向比较均匀，这个分析和现存文献的观点、结论大致相同。2000—2010年，城市规模的分布差异开始拉大，城市规模分布呈现集聚的趋势，推翻了文献中认为中国城市在这段时期仍然是保持均匀的说法，这种说法是基于错误的城市人口指标提出的。根据本章的分析，1957—1990年，人口规模最大的城市组的增长最缓慢；1990—2000年，城市增长的格局开始发生变化；到了2000—2010年，人口增长率最快的是城市人口规模最大的特大城市和大城市。

---

① See Roy W. Bahl and Johannes F. Linn, *Urban Public Finance in Developing Countries*, Oxford University Press, 1992.

大城市的流动人口是人口集聚的主要推动者，也是经济增长的重要组成部分，这已是公认的事实。限制流动人口进入大城市的严厉政策，从长远来说是不可行的，也会有反作用。我曾经指出过，城镇化使农民入城打工，并逐步转化成有消费能力的阶层，是中国经济未来二三十年发展的重要动力。①从远期来看，不论规模大小，所有的城市都应逐步放开户口限制，这是消除贫困和重新平衡经济的根本手段。如果流动人口不能融入城市，他们永远只是"二等公民"，会不利于社会安定。对于下一步应该如何走，我在第七章中提出了一个循序渐进的户籍改革方案。

不能否认，北京、上海和广州等大城市确实面临着诸多严重的问题，如交通拥堵、房屋短缺等。但这些问题的主要原因不是人口规模过大，而是城市规划和设计不合理、空间利用不足、住房分配不公平，以及城市服务补贴等体制和管理上的问题，也是欠流动人口应有的社会服务、公共教育等的"债"太多，造成今日各种各样的服务短缺。②与亚洲高密度地区的许多其他大城市相比，中国大城市的人口密度仍然是偏低。③换句话说，中国大城市在现有的土地基础上，还有许多的空间来容纳更多的新来者，让经济社会发展可以迈向新的台阶。

 延伸阅读

1. 陆铭：《大国大城：当代中国的统一、发展与平衡》，上海人民出版社 2016 年版。

---

① See Kam Wing Chan, Crossing the 50 Percent Population Rubicon: Can China Urbanize to Prosperity? *Eurasian Geography and Economics*, Vol. 53, No. 1, 2012, pp. 63-86.

② 参见梁建章、黄文政：《如何让大城市扩容扶贫？》，http://m.opinion.caixin.com/m/2016-09-12/100987590.html，2021 年 10 月 8 日访问。

③ 同上。

2. 顾朝林、于涛方、李王鸣等：《中国城市化：格局·过程·机理》，科学出版社2008年版。

3. Kam Wing Chan, *Cities with Invisible Walls: Reinterpreting Urbaniza-tion in Post-1949 China*, Oxford University Press, 1994.

4. Kam Wing Chan and Guanghua Wan, The Size Distribution and Growth Pattern of Cities in China, 1982-2010: Analysis and Policy Implications, *Journal of the Asia Pacific Economy*, Vol. 22, No. 1, 2017.

第五章
城镇化与家庭的完整性：流动人口子女的困境

一、具有中国特色的人口群体：流动儿童和留守儿童

在城乡二元制下，中国"不完整"城镇化策略的推行形成了庞大的"流动人口"群体，同时也产生了一些问题。其中一个近些年受到较多关注的，就是家庭成员分离在不同的地方，尤其是父母与子女分离，导致衍生了一个特殊的、庞大的"流动人口子女"（也叫"流动人口儿童"）群体。30多年来，随着农民工数量的日益增加，更多的农民工的子女不可避免地受到了父母流动的影响。从长远的角度来看，家庭分离给儿童所造成的负面影响，可能比户籍制度在其他方面所造成的更大。

目前，全国农民工的规模已达1.7亿左右，流动人口子女的规模也已达到1亿人，这个数量相当于美国、英国和法国所有儿童人口的总和。2015年，流动人口子女占全国儿童人口38.0%，比2000年的14.5%大幅度上升（见表5.1）。这一群体主要表现为两种形式：

（1）留守儿童，约占流动人口子女的2/3。

（2）流动儿童，占剩下的1/3。

表 5.1　流动人口子女及有关的人口指标（2000—2015）

	年份	人口（百万）			比重（%）		
		2000	2010	2015	2000	2010	2015
A	流动儿童	19.8	35.8	34.3	39.7	34.3	33.3
B	留守儿童	30.1	68.7	68.8	60.3	65.7	66.7
C	——农村	27.0	61.0	40.5	54.1	58.4	39.3
D	——城镇	3.1	7.7	28.3	6.2	7.3	27.4
E	**流动人口子女**	**49.9**	**104.5**	**103.0**	**100**	**100**	**100**
F	与农民工的百分比				47.7	68.1	61.0
G	占流动人口的百分比				41.2	47.2	41.9
H	占全国儿童总人口的百分比				14.5	37.5	38.0
I	流动儿童占流动人口的百分比（%）				16.4	16.2	13.9
J	全国儿童总人口	345.3	278.9	270.8			
K	农民工人口	104.7	153.4	168.8			
L	流动人口	121.0	221.4	247.0			

注：由于四舍五入的问题，总计与各项合计有些出入。
数据来源：流动人口子女数据采自 2000 年、2010 年、2015 年人口普查、"小普查"资料；其他数据来自表 3.1。

虽然许多发展中国家都存在留守儿童问题，但与其他国家相比，中国留守儿童占儿童总人口的比例比较高。①

2012 年以来，发生的几起大的流动人口子女悲剧，引起了社会对这一群体的关注。2012 年冬天，贵州省毕节市的五个留守儿童，因为天气冷，躲进垃圾箱里生火取暖，吸入有毒的一氧化碳气体后死亡，他们都是平日无人看管的儿童。三年之后的 2015 年，同在毕节市，有一家未成年的四兄妹集体自杀，因为母亲离家出走，父亲外出打工，

---

① See LooSee Beh and Yao Ye, "Left-Behind Children" Phenomenon in China: Case Study in Chongqing, *International Journal of China Studies*, Vol. 3, No. 2, 2012, pp. 167-188.

四兄妹无人照顾，缺少关心和爱护。2016 年 5 月，在北京严格实施学籍管理办法后，一位非京籍家长因无法为女儿办理学籍入学，在绝望之际选择自焚，幸好最终无生命危险。虽然这些事件都是极端少见的事例，但是它们折射了许多流动人口子女尤其是留守儿童面临的困境，反映了中国特殊城镇化所产生的问题。

资料显示，过去 20 年来，农民工的平均年龄逐步提高，越来越多的农民工是夫妻一起流动。举家流动约占农村家庭的 18%[①]，这种趋势与许多其他国家的迁移过程相似，学者称为"迁移家庭化"[②]。但是，农民工到了城市，只被视为临时居民，不能够享受有关城市服务的权利，包括子女入学的权利，因此一些流动人口子女在流入地面临着入学障碍。即使有些流动儿童实际上是在城市出生的，或者从小就在城市长大，但因为他们的父母没有当地的户口，他们也不能理所当然地在当地就读。

为探讨分析这个问题，本章首先梳理和综合全国主要的调查数据，建立一组可比的数据，用来解析流动人口子女的变化趋势及相关问题，使我们能更好地掌握问题的核心，同时重点关注 2010 年以后的情况。其中主要包括流动人口子女规模变化的趋势、家庭结构，以及儿童的地理分布，并把流动儿童和留守儿童的分布联系起来。流动人口子女的分布并不局限于个别省份，相反，如本章所要展示的，他们在省际流动，相互关联。分省来分析流动人口子女的规模，有助于指出哪些省（直辖市）需要加强工作，减少全国留守儿童的规模。

[①] 参见国家卫生和计划生育委员会流动人口司编：《中国流动人口发展报告 2017》，中国人口出版社 2017 年版，第 165—167 页。

[②] 参见屈小博、杨舸、程杰：《人口流动趋势与农民工就业》，载蔡昉、张车伟主编：《中国人口与劳动问题报告 No.16》，社会科学文献出版社 2015 年版，第 35—84 页。

二、流动人口子女面临的困境

20 年来，流动人口子女不断增加，他们在流入地入学成为一个重要问题。2001 年以前，流动儿童入读城市的公立学校基本上是不可能的，大多数人只能去私办简易的民工子弟学校就读。2001 年，中央政府指示要求城市为符合条件的流动人口子女提供九年（小学与初中）的义务教育。一开始，部分地方政府敷衍应付，并未实际推行。经过各方面多年的不懈努力，这个目标在一些城市逐步实现。[1]在一些大城市，由于本地人口的生育率下降，许多小学面临收生不足，要关闭学校的问题，在这种情况下，一些入学的名额给了流动儿童。

但是，实际可以进入流入地学校就读的流动儿童数量仍旧不高。要在务工地当地入学，需要具备一定的条件，许多流动儿童并不符合。同时，流动儿童入学还要交一笔数额不少的借读费，这也不是容易负担的。最近几年，在大城市入学还要有学籍。例如，北京需要有"五证"才能办理学籍（实际可能需要 28 个证明，具体将在第六章论述）。总而言之，部分地方政府设立了限定条件，流动儿童不太容易在城市的学校就读，他们中的一些人只得返回农村上学。

那些可以在流入地就读的流动儿童仍然需要面对一些问题，如受到歧视。根据蓝佩嘉在上海学校的研究[2]，部分流动儿童是在城市郊区的民办小学就读，与本地的儿童完全分隔。即使进入公立学校，流动儿童和本地儿童的教室及操场也是隔离的。另外，流动儿童还面临其他一些问题，包括缺乏医疗服务和住房条件差。

更具关键性的问题是，根据目前的政策，流入地的高中是不向流

---

[1] 参见《教育部：目前随迁子女 80% 进入公办学校就读》，http://news.china.com.cn/2018-12/13/content_74271413.htm，2021 年 12 月 20 日访问。

[2] See Pei-chia Lan, Segmented Incorporation: The Second Generation of Rural Migrants in Shanghai, *The China Quarterly*, Vol. 217, 2014, pp. 243-265.

动儿童开放的，要上高中，流动儿童必须返回到户籍登记地就读。但是，各地（省）高中入学考试（即中考）和大学入学考试（高考）内容不尽相同，所以各省的初中及高中的课程内容不太一样。想要继续读高中，准备中考，流动儿童必须提早回到老家（一般在初一或初二就要回去），这样才能适应当地的课程，有能力应付中考。

图5.1显示了2010年上海本地与外地户籍儿童的年龄结构。可以看到，16岁以下的本地户籍儿童各年龄段人数大致稳定，每年的人数在7万—9万人。14岁以下（即在初二、初三之前）的流动儿童人数却随着年龄的增长而逐步下降，从1岁的8万人下降到14岁的3万人左右。这个现象跟全国流动儿童或是跨省流动儿童的情况类似。[①] 2010年上海的流动人口有1,019万人，但流动儿童只有132万人，占13.0%，这个比例非常小。特别是考虑到流动人口大部分是成年人口，而且七至八成已婚或有在学的子女，这一比例比较不合理。2015年，流动人口微升至1,045万人，而流动儿童人口却减少了，只剩下87万人（占流动人口的8.3%）。

换句话说，农民工除了要负担在城市不菲的生活费用外，还面临子女入学问题，这个与户籍制度及相关的教育政策有很大的关系。由于限制性因素，一些流动儿童不得不返回流出地入学，变成留守儿童，有些甚至辍学。另外，独生子女政策实行几十年后，许多大城市出现了不太合理的年龄结构，如上海、北京都出现了"圣诞树"状的"年龄金字塔"（见图5.2），儿童的比重超低，人口金字塔底部非常狭窄，这样的结构在一个二三千万人口的地区是非常罕见的。人们不禁要问：未来这些城市所需的劳动力要从哪里来？

这些无法与父母一同居住在流入地的孩子们，都得留在流出地，主要是在农村。学者们将"留守儿童"定义为18岁以下，长期与父或母或父母分居、在户籍登记地的儿童人口。全国妇联使用2010年

[①] 参见全国妇联课题组：《全国农村留守儿童、城乡流动儿童状况研究报告》，载《中国妇运》2013年第6期。

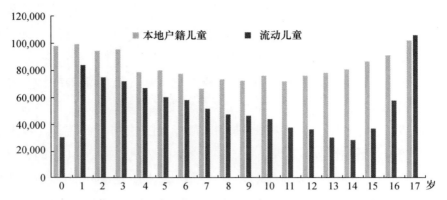

图 5.1　2010 年上海本地与外地户籍儿童的年龄结构

数据来源：上海市第六次全国人口普查领导小组办公室、上海市统计局编：《上海市 2010 年人口普查资料》，中国统计出版社 2012 年版，第 1 册表 3-1、第 4 册表 1-4。

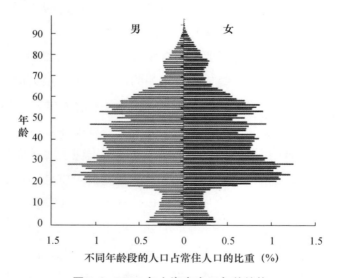

图 5.2　2010 年上海市人口年龄结构

数据来源：上海市第六次全国人口普查领导小组办公室、上海市统计局编：《上海市 2010 年人口普查资料》，中国统计出版社 2012 年版，第 1 册表 3-1、第 4 册表 1-4。

人口普查数据，估计 2010 年有 6,870 万留守儿童（包括在农村的 6,100 万）①，比 2000 年的 3,010 万人高出一倍（表 5.1）。2015 年的留守儿童人口规模基本保持不变。

留守儿童最缺乏的是父母在身边的关爱。2015 年，约 47% 的留守儿童没有父母在家，大多数由祖父母照顾；约 53% 的只有父或母在家。此外，还有约 200 万留守儿童独自生活，完全没有成年人的监督（见表 5.2）。另有调查显示，75% 的留守儿童一年只见到父母一次，5% 每两年只能见到一次。②子女与父母分居，产生的问题是显然易见的。③除了上述的少数严重事件外，一些儿童在校成绩差，且有不同程度的心理问题，特别是长期与父母分离造成的情绪不安。有些留守儿童更成为欺凌的对象，甚至是受到性侵犯。同样令人担忧的是，有些留守儿童容易受犯罪分子的诱惑，参与犯罪。从一定程度上说，长期的家庭分离破坏了家庭团聚，动摇了健康社会的基础。④

大多数流动人口子女，特别是留守儿童，处于相对弱势的地位，其中一些人在生活和成长过程中会面临多重而且严峻的挑战。⑤ 不论是在城市还是在农村，最显著的影响是教育不足，这个直接影响到他们未来的生活能力。他们在教育方面面临的问题，主要是农村教育的质量低、辍学率高。⑥在城市，流动儿童会面临一定的歧视，入学也不

---

① 参见全国妇联课题组：《全国农村留守儿童、城乡流动儿童状况研究报告》，载《中国妇运》2013 年第 6 期。
② See David McKenzie, Mom and Dad: Strangers to Millions of Chinese Kids, http://edition.cnn.com/2015/03/11/asia/china-left-behind-kids/index.html, visited on 2021-12-20.
③ 参见李晓杨：《中国单亲家庭研究综述》，载《四川警察学院学报》2008 年第 2 期。
④ See Little Match Children, https://www.economist.com/briefing/2015/10/17/little-match-children, visited on 2021-11-10.
⑤ 参见叶敬忠、潘璐：《中国农村留守人口之留守儿童：别样童年》，社会科学文献出版社 2014 年版，第 379—388 页；段成荣、吕利丹、郭静、王宗萍：《我国农村留守儿童生存和发展基本状况——基于第六次人口普查数据的分析》，载《人口学刊》2013 年第 3 期。
⑥ See Lidan Lyu and Yu Chen, Parental Migration and Young Migrants' Wages in Urban China: An Exploratory Analysis, *Urban Studies*, Vol. 56, No. 10, 2018, pp. 1968-1987; Dennis Normile, One in Three Chinese Children Faces an Education Apocalypse: An Ambitious Experiment Hopes to Save Them, http://www.science.org/content/article/one-three-chinese-children-faces-education-apocalypse-ambitious-experiment-hopes-save, visited on 2021-07-15.

容易。在 2014 年新一轮的"新型城镇化"和户籍改革举措下，大城市实行更严格的限制流动人口规模的政策，进一步限制了流动儿童在城市入学的机会，也迫使他们返回流出地。

但有论者认为，农民工父母把子女留在农村，是一个"双赢"的"理性"策略：一方面，父母可以在城镇拿到较高的工资；另一方面，把子女留在农村，又可以降低生活成本。① 其实，这种说法只是看到了问题的表面现象，忽视了农村户籍人口在城乡二元体制下所受到的结构性排斥。理想的情况是，农民工到城市打工时可以携带子女并让子女在城市入学，但是在二元制之下，流动人口子女难以有效获得在城市就学的机会，因而只能留在农村，这有可能使得农民工下一代只能延续他们父母的"弱势"，魏延宁称这种情况是农民工家庭的进一步"贫困化"，而不是"双赢"。②

三、流动人口子女的统计数据和趋势

在本章中，"流动人口"采用国家统计局使用的口径③；"流动儿童"是指 18 岁以下的流动人口；"留守儿童"是指居住在户口登记地、没有与父母双方一起生活的儿童，但排除因父母离婚、婚姻分居的单亲家庭。鉴于流动人口大多无法在城镇定居，他们的迁移活动在官方看来只是"临时"的，只能算是"流动"。换句话说，流动人口在目的地和迁出地之间来回流动，因应工作的地点、个人和家庭情况的变化而改变。流动人口的子女，能否跟随父母流动，一个直接、重

---

① See Chen Chen and C. Cindy Fan, Rural-Urban Circularity in China: Analysis of Longitudinal Surveys in Anhui, 1980-2009, *Geoforum*, Vol. 92, 2018, pp. 97-104.

② See Yanning Wei, Leaving Children Behind: A Win-Win Household Strategy or a Path to Pauperization? *Eurasian Geography and Economics*, Vol. 59, No. 2, 2018, pp. 164-183.

③ 即常住人口中没有本地户籍的人口，但排除市内"人户分离"的人口。流动人口的不同指标，可参阅本书第三章第二部分。

要的因素是他们能否在流入地就读。往往是因为不能在流入地上学，他们被迫回到老家（上学），变成留守儿童。流动儿童、留守儿童，其实是同一群儿童不同的表现形式。由于父母、家庭的情况不断在变化，各地入学的政策也经常在变动，这些儿童的"去留"也得跟着变化；在他们之中，不少人有些时候是流动儿童，有些时候是留守儿童，这些儿童的生活比较不稳定。

根据国家统计局人口普查及"小普查"的数据，表5.1列出了流动人口子女和其他相关的主要统计数据。2000—2015年，由流动儿童和留守儿童组成的流动人口子女的规模从约5,000万增加到略多于1亿（E行），主要增加是在2000—2010年，当时流动儿童从约2,000万增加到约3,600万，留守儿童从约3,000万增加到约6,900万。2010—2015年，规模相对稳定。

为了将这些变化放在更大的框架中去分析，需要将流动人口子女的人口规模与全国其他的人口联系起来，包括流动人口、农民工人口和全国儿童总人口（表5.1中的J—L行）。它们之间的比例显示在F—I行中。比较表中三个年份的数字，可以看到，在2000—2010年这十年间，流动人口子女占全国儿童总人口的比重大幅度增加（H行），流动人口子女与流动人口、农民工人口的比例也增加了不少（F和G行），反映了流动人口的年龄提高，农民工已婚、组建家庭的比重提高，流动人口子女的人口也在增加，因此导致家庭人口比重增加。尽管这样，流动儿童占流动人口的百分比在2000—2010年基本保持不变，并且自2010年以来还略有下降。换句话说，虽然流动人口子女的比重提高，但是更多的是留守儿童，留守儿童占流动人口子女的比重从2000年的60.3%上升到2010年的65.7%，再微升至2015年的66.7%（B行）。

流动儿童的规模在2000—2010年有大幅度的增加，包括上海在内的一线城市亦是如此。①但是，从 21 世纪 10 年代初以来，特别是在 2013 年及之后，随着国家加强控制特大城市人口增长的力度，情况发生了逆转。过去几年来，不但城市生活（特别是住房）的成本增加，流动儿童入学的政策也收紧了不少，一些流动儿童只能回到老家，变成留守儿童。所以，2010—2015 年，尽管流动人口略有增加，但全国流动儿童的总人口却减少了。

表 5.1 中的统计数据还表明，2010—2015 年，农村留守儿童的数量从 6,100 万显著减少到 4,050 万，但城镇留守儿童却从 770 万急升到 2,830 万。主要的原因是，城镇化措施的推行，如撤乡设镇，使得不少原来的乡村在行政上都变成了镇；②也有部分原因是乡村学校被撤销，儿童都要集中到城镇去寄宿，所以这些原来是农村的留守儿童一下子变成了"城镇"的留守儿童。但是，不论是农村或是城镇，可以看到全国留守儿童人口的总数，从 2010 年到 2015 年完全没有减少，停留在近 6,900 万人。这个数字远远大于民政部 2016 年根据其"摸底"调查报告得到的农村留守儿童 902 万。③下面我们比对一下民政部的数字，特别是他们用的"留守儿童"的口径。

留守儿童的界定与是否跟父母在一起生活有密切的关系，留守儿童问题的严重性可以分为三大类别（顺序从轻到重）：

A 类：与父或母一方同住，即与单亲同住；

B 类：不与父母同住，但与其他人同住，即"无父母"同住，主要由祖父母照顾；

C 类：独居。

在三者中，A 类代表的单亲家庭状况，当然不理想，但优于 B

---

① 参见陈媛媛：《流动儿童教育关乎城市未来》，http：//opinion.caixin.com/2017-05-26/101095122.html?ulurcmd=1_comdf_art_2_e6885de96ae144e0b3e4d4c2f187d010%26source3EntityID=101062224，2021 年 9 月 12 日访问。

② See Ernan Cui, Urbanization Without Migration, Gavel Dragonomics, May 23, 2018.

③ 参见《民政部有关负责人就农村留守儿童摸底排查情况答记者问》，http：//mzzt.mca.gov.cn/article/nxlsrtbjlxhy/zhbd/201611/20161100887454.shtml，2021 年 12 月 1 日访问。

类，远比 C 类好得多。表 5.2 显示了 2015 年留守儿童的生活安排类别构成。绝大多数的留守儿童属于 A 类和 B 类（达到 97.4%）。2015 年，城镇、农村留守儿童与父或母同住、与其他人同住的比例非常相似（都是有五成多是与单亲同住，有四成多与其他人同住，父或母都不在）。这个比重与 2010 年的基本相同，表明大多数留守儿童的情况没有变化。情况比较糟糕的 C 类（独居），规模最小（2010 年约有 207 万），2015 年，其规模和比重都有所减少，独居的农村留守儿童的比重从 2010 年的 3.4% 微降到 3.3%，独居的留守儿童人口在全国留守儿童中的比重为 2.6%。

如前所述，2016 年底，民政部发布农村留守儿童人口报告，称 2016 年农村留守儿童仅有 902 万，大幅度下跌，比一般公认的留守儿童的人数（6,000 多万），或 2015 年的 4,000 多万的农村留守儿童人口数量大大减少。民政部的官员认为，留守儿童人口规模的大幅度减少，归功于政策的成功，如户籍改革、扶贫政策，以及更多的流动儿童可以在城镇学校就读的政策。

实际上，上述数字上的差异，主要是因为采用的留守儿童人口口径不同。表 5.3 列出了民政部 2016 年调查的数据与国家统计局 2015 年"小普查"的两套农村留守儿童人口数据的对比。可以看到，两者的差别主要是采用不同口径造成的。民政部留守儿童的口径不包括 16—17 岁的儿童，也排除只与父母一方生活的儿童这一大群体，结果人数只剩下 902 万。[①] 2015 年的"小普查"显示农村留守儿童的人口是 4,051 万，其中光是只与父母一方居住的儿童人数就有 2,066 万，其他类型的范围与民政部统计的也不尽相同。用民政部狭义的"农村

---

① 用同样的口径，2018 年降至 697 万。参见《图表：2018 年农村留守儿童数据》，https://www.mca.gov.cn/article/gk/tjtb/201809/20180900010882.shtml，2020 年 6 月 8 日访问。

表 5.2 流动人口子女的居住方式

	2010 年	2015 年						
	农村留守儿童	留守儿童			流动儿童		流动人口子女	全国儿童
		全国	农村	城镇	全部	不与父母双方居住（流留儿童）		
1. 规模（百万人）	61.3	68.77	40.51	28.26	34.26	18.84	103.03	270.8
居住方式（%）								
2. 与父母双方居住	—	—	—	—	45	—	15.0	61.7
3. 不与父母双方居住（单亲家庭）	100	100	100	100	55	100	85.0	38.3*
A. 与父或母一方居住	53.3	53.1	51.0	56.2	17.9	32.5	41.4	21.7*
B. 与其他人（大多数为祖父母）居住	43.4	44.3	45.8	42.2	36.4	66.2	41.7	15.8
C. 独居	3.4	2.6	3.3	1.6	0.7	1.3	2.0	0.7

注：* 包括在离婚、婚姻分居的单亲家庭的儿童。2015 年，这一群组保守估计约占全国儿童总人口的 6%（根据彭希哲等的分析，2010 年离婚、婚姻分居的单亲家庭数约占全国家庭数的 6.44%。2015 年这一比例估计不会低于 6%）。留守儿童总人口为 8,761 万，占全国儿童总人口的 32.3%，加上在离婚、婚姻分居的单亲家庭的儿童，合共占全国儿童总人口的 38.3%。

由于四舍五入的问题，表中部分数据总计不等于 100%。

数据来源：国家卫生和计划生育委员会流动人口司编：《中国流动人口发展报告 2016》，中国人口出版社 2016 年版；National Bureau of Statistics of China, UNICEF China, and UNFPA China, Population Status of Children in China in 2015：Facts and Figures, http：//www.unicef.cn/en/publications/comprehensive/3210.html, visited on 2021-03-10；彭希哲等：《中国家庭模式变迁的现状与趋势》，载国务院人口普查办公室、国家统计局人口和就业统计司编：《发展中的中国人口：2010 年全国人口普查研究论文集（中册）》，中国统计出版社 2014 年版，第 633—703 页。

留守儿童"口径,规模当然会比2010年的大幅度下降,是在"统计上"减少了。①

表5.3 农村留守儿童人口的构成比较 （单位：万人）

	2015年	2016年
	国家统计局"小普查"	民政部调查
覆盖的年龄	18岁以下	16岁以下
人口数	4,051	902
其中：		
与父或母在一起	2,066	不包括
其中：父或母不能履行监护人的责任		31
与其他人（主要是祖父母）在一起	1,852	835
独居	133	36

数据来源：表5.2；吴为：《民政部：农村902万留守儿童近九成无父母监护》，https://www.chinanews.com.cn/gn/2016/11-10/8058359.shtml，2021年12月1日访问。

反过来说，留守儿童的人口规模，在过去几年里实际上是增加了。通过数据分析可以看到，流动儿童中也有不少实际上是留守儿童。在2015年的流动儿童人口中，有超过一半的儿童没有与双亲同住，他们其实也是留守儿童。在这些流动的"留守儿童"当中，有2/3根本不与父或母同住。换言之，虽然人们普遍认为流动儿童可以与父母在流入地一起生活，但事实却不是这样。他们的居住安排情况实际上与留守儿童相同，甚至更加糟糕。这些流动儿童中的大部分是原来农村的留守儿童，但由于"撤村并校"，导致许多乡村的学校关闭，他们被集中到附近的城镇上学。同时，由于他们没有城镇的户籍，被统计为"流动儿童"，近期研究这个问题的学者称他们为"流

---

① 参见叶敬忠：《农村留守人口研究：基本立场、认识误区与理论转向》，载《人口研究》2019年第2期。

留儿童",即流动中的留守儿童。① 这一部分的人口是1,884万,把他们加到原来的6,880万留守儿童人口上,2015年的全国留守儿童总人口达到8,761万(表5.2),相比2010年的规模,有大幅度的增加。也就是说,在1.03亿的流动人口子女中,有84.98%处于留守的状态。

四、留守儿童与农民工家庭的完整性

从国际及历史上的人口迁移经验可知,在迁移初期,迁移的家庭往往关注现实、短期的问题(如就业、住房)。但是,随着迁移逐步成熟,迁移者希望在流入地常住,家庭能否在一起,是一个关键的考虑因素,直接影响到迁移的稳定性,从而影响到迁移在整个社会中所起的作用。我在一篇分析美国画家罗伦斯(Jacob Lawrence)"迁移系列"作品的文章中指出,家庭的完整性与子女能否上学,都是当年美国非裔从南往北大迁移时的重大考虑(见附录一)。

中国的户籍制度以及相关的城镇化、迁移政策,与家庭的完整性问题息息相关。通过研究,王跃生发现,中国的单亲家庭有两种形式。一般的单亲家庭是由于夫妻离婚、丧偶所造成的,他称这类家庭为"真实单亲家庭"。还有一种形式,夫妻没有离婚,只是长期分居两地,产生了他所称的"形式单亲家庭",即子女只是跟父或母一方居住,子女与父母亲的日常关系,非常接近于一般单亲家庭的亲子关系。②从某种程度上说,户籍及相关制度产生了许多形式单亲家庭,即夫妻没有离婚,但子女长期与父或母分居的家庭,对家庭的完整性起

---

① 参见杜海峰、张若晨、刘朔:《就地就近城镇化背景下"流动中的留守儿童"在校状况与适应》,载《西安交通大学学报(社会科学版)》2018年第3期;任远:《关注日益严峻的"流留一代"问题》,https://m.thepaper.cn/newsDetail_forward_2776080?from=groupmessage%26isappinstalled=0,2021年12月27日访问。

② 参见王跃生:《当代中国农村单亲家庭变动分析》,载《开放时代》2008年第5期。

着一定的负面作用。

改革开放之前,由于户籍制度严格限制农民外出,夫妻一方一旦在城镇找到了工作(如通过有限的"招工""入伍"等),在农村的一方(大多是妇女)往往不能随迁到城镇,造成很多夫妻长期分居两地,产生了大量的形式单亲家庭。根据王跃生的估算,在20世纪70年代末期,农村的家庭户中,大约有一成的家庭是属于这类形式单亲家庭。改革开放之后,情况有所改善,到了1990年这个比率下跌到7.7%;到了2000年,这个比率再下跌至6.6%。[①]

在最近的20年,如前所述,一些流动儿童不能够随迁到父母工作的城市,只能留在农村,成了留守儿童。同时,在流动儿童中也存在留守情况,即前面所说的"流留儿童"。把"流留儿童"计算在内,2015年中国的留守儿童人口已经达到8,761万,这些留守儿童也是身处于形式单亲家庭中,也从侧面反映了他们父母婚姻不稳定(夫妻分离)、家庭不稳定的状况。[②]

表5.4整理综合了2000—2015年各类留守儿童的数据。可以看到,在这15年中,留守儿童的人口(D行)总规模大幅度上升,从2000年的3,740万上升到2010年的8,180万,再升至2015年的8,761万。在流动人口子女中,由于户籍制度及有关的政策使家庭成员不能在一起生活,留守儿童的比重一直处于高水平,在2005年是74.9%(I行),2010年升至78.3%,2015年更达到85.1%。尤其是在2010—2015年这短短的五年间,这一数字飙升近7个百分点。也就是说,目前多数流动人口家庭处于不完整的状态,较多儿童处于形式单亲(或者缺双亲)家庭中,情况值得高度重视。

[①] 参见王跃生:《当代中国农村单亲家庭变动分析》,载《开放时代》2008年第5期。

[②] 参见叶敬忠、吴惠芳:《阡陌独舞:中国农村留守妇女》,社会科学文献出版社2014年版,第112—116页。这个与我2018年在陕西某镇一中学所了解到的留守儿童家庭状况吻合。

表 5.4 留守儿童人口规模（2000—2015）

		2000 年	2010 年	2015 年
	人口规模（百万人）			
A	农村留守儿童*	27.0	61.0	40.5
B	城镇留守儿童*	3.1	7.7	28.3
C	流留儿童	7.3	13.1	18.8
D(＝A＋B＋C)	留守儿童**总数	37.4	81.8	87.6
E	流动人口子女	49.9	104.5	103.0
F	城镇儿童总数	107.0	124.0	133.0
G	农村儿童总数	238.0	154.0	138.0
H	全国儿童总数	345.3	278.9	270.8
	比重（%）			
I＝D/E	留守儿童占流动人口子女的比重	74.9	78.3	85.1
J＝(B＋C)/F	城镇留守儿童**占城镇儿童总数的比重	9.7	16.8	35.4
K＝A/G	农村留守儿童占农村儿童总数的比重	11.3	39.6	29.4
L＝D/H	留守儿童占全国儿童总数的比重	10.8	29.3	32.4
	全国平均每户人数	3.4	3.1	3.1

注：（1）由于四舍五入的问题，总计与各项合计有些出入。（2）*指狭义的留守儿童，不包括流留儿童。**指广义的留守儿童，包括流留儿童。

数据来源：根据表 5.1 数据重新编排。

五、地理分布与儿童随迁率

如前所述，直接受流动人口影响的儿童约占全国儿童人口的38%，但在不同省级行政单位（以下简称"省"，包括直辖市、自治区），这个百分比的差异很大，反映了各省不同的经济结构及其对流动人口子女政策的差异。图 5.3 显示了 2015 年每个省儿童人口的构成。在北京、上海、福建和四川这些省份，流动人口子女占全部儿童的大多数（超过一半以上），它们都是拥有大量迁入或迁出流动人口的大省。在另一端，受流动影响最有限的省份（如黑龙江、新疆），直接受流动影响的儿童约占全省儿童人口的二成。

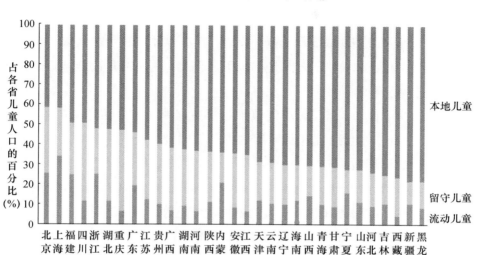

图 5.3 2015 年全国各省儿童人口的构成
数据来源：根据国家统计局 2015 年"小普查"数据整理。

在流动人口子女当中，流动儿童和留守儿童的地理分布差异很大。其中，流动儿童跟随其父母前往流入地，因而可以想象，他们的地理分布与整体流动人口的空间分布基本一致。2015 年，流动儿童主要分布在广东（417 万）、山东（235 万）、浙江（218 万）、福建（202 万）这几个省份。而留守儿童集中在流动人口流出的大省，主要是中部和西部地区，如河南（726 万）、四川（614 万）和湖南（415 万）（见表 5.5）。但是，广东省的留守儿童人口（553 万）也占据突出的地位，这源于广东有相当规模的省内迁移，从而产生了大量的留守儿童。① 一般人关注留守儿童的问题，只着力于关注留守儿童的所在地，其实农民工流出地留守儿童的产生跟流入地的政策具有很大的关系，下面进一步分析。

如前所述，流动儿童和留守儿童是同一儿童群体在不同地区展示

---

① 数据来自国家统计局 2015 年"小普查"数据。

的两种"形态",随着条件的变化而转化。事实上,许多流动人口子女在童年、少年的不同时期都同时有留守及流动的经历。原先的留守儿童后来可以演变成流动儿童,反之亦然,具体取决于家庭条件和流出入地的情况,特别是流入地的政策。因此,这两组儿童群体应该放在一起来分析。

有学者认为,当父母决定孩子是留在家中(成为留守儿童),还是随迁到流入地时,是根据家庭的资源(时间与金钱)来考虑的,是一个家庭的理性决定。这种说法有一定的道理,但忽略了更大的,特别是城乡二元制所形成的宏观、制度性障碍,这限制了流动人口使用流入地的公共服务(包括子女的公共教育)等。在父母对孩子的去留作决定时,这些障碍往往比个人或家庭的条件起着更关键的作用。①最明显的是,近些年来,北京、上海等一线城市严格限制流动儿童入学,使不少流动儿童没法在流入地上学,他们只能回到原户籍登记地去就读,甚至可能失学。

2010—2015 年,全国流动儿童人口规模从 3,581 万减少到 3,426 万,总体下降了约 4.5%。但在一些省份,特别是沿海地区,下降的幅度更大。例如,在这五年间,北京的流动儿童减少了约 39.6%,上海减少了 34.1%,江苏也减少了 30.3%(见表 5.5)。流动儿童的减少一定意义上意味着留守儿童的增加,这表明流动儿童与留守儿童的地理分布之间存在密切联系。

快速城镇化及流动人口年龄的提高,使得更多的家庭成员进入流动及迁移的行列。与其他国家人口迁移的模式一样,中国人口的流动先是以单身为主(迁移),逐步变成夫妇一起流动,然后是整个家庭的流动;父母的流动逐步稳定之后,当然是希望把子女带在身边,除非是流入地的政策有限制,特别是子女不能上学,而这类的限制很多是刚性的。这种现象主要发生在中国经济较发达地区,加上这些地区

---

① See Yanning Wei, Leaving Children Behind: A Win-Win Household Strategy or a Path to Pauperization? *Eurasian Geography and Economics*, Vol. 59, No. 2, 2018, pp. 164-183.

第五章 城镇化与家庭的完整性：流动人口子女的困境

表 5.5 流动人口与儿童 2010—2015 年的增长情况

	2010 年（百万）			2015 年（百万）			2010—2015 年增长率（%）			
	流动儿童	流动人口	成年流动人口	流动儿童	流动人口	成年流动人口	流动儿童	流动人口	成年流动人口	儿童与成年人口变化之差
	1	2	3	4	5	6	7	8	9	10 = 7 − 9
北京	1.06	7.09	6.03	0.64	8.04	7.40	−39.6	13.5	22.8	−62.4
天津	0.31	2.21	1.90	0.24	4.03	3.79	−22.6	82.0	99.0	−121.6
河北	1.32	6.86	5.54	1.62	7.99	6.37	22.7	16.4	14.9	7.8
山西	1.17	5.54	4.37	1.07	5.80	4.73	−8.5	4.8	8.3	−16.9
内蒙古	1.07	5.98	4.91	0.86	5.88	5.02	−19.6	−1.6	2.3	−21.9
辽宁	1.15	6.42	5.27	0.61	5.63	5.02	−47.0	−12.3	−4.8	−42.2
吉林	0.58	3.32	2.74	0.44	3.79	3.35	−24.1	14.1	22.2	−46.3
黑龙江	0.74	4.21	3.47	0.45	3.81	3.36	−39.2	−9.4	−3.1	−36.1
上海	1.32	10.19	8.87	0.87	10.45	9.58	−34.1	2.6	8.1	−42.1
江苏	2.38	15.72	13.34	1.66	16.53	14.87	−30.3	5.1	11.5	−41.7
浙江	2.74	20.37	17.63	2.18	17.71	15.53	−20.4	−13.1	−11.9	−8.5
安徽	1.08	5.54	4.46	1.20	7.67	6.47	11.1	38.6	45.2	−34.1
福建	1.52	10.19	8.67	2.02	10.80	8.78	32.9	6.0	1.3	31.6
江西	0.96	4.21	3.25	0.82	5.36	4.54	−14.6	27.4	39.8	−54.4
山东	1.82	10.63	8.81	2.35	13.21	10.86	29.1	24.3	23.3	5.8
河南	1.71	8.41	6.70	1.80	8.76	6.96	5.3	4.1	3.8	1.4
湖北	1.13	6.86	5.73	1.28	9.57	8.29	13.3	39.4	44.6	−31.3

(续表)

	2010年(百万)			2015年(百万)			2010—2015年增长率(%)			儿童与成年人口变化之差
	流动儿童	流动人口	成年流动人口	流动儿童	流动人口	成年流动人口	流动儿童	流动人口	成年流动人口	
	1	2	3	4	5	6	7	8	9	10 = 7 − 9
湖南	1.18	6.42	5.24	1.50	8.71	7.21	27.1	35.6	37.6	−10.4
广东	4.34	36.54	32.20	4.17	38.20	34.03	−3.9	4.6	5.7	−9.6
广西	0.92	5.54	4.62	0.98	5.85	4.87	6.5	5.7	5.5	1.0
海南	0.33	1.55	1.22	0.27	1.80	1.53	−18.2	16.1	25.4	−43.6
重庆	0.57	4.21	3.64	0.43	5.12	4.69	−24.6	21.7	28.9	−53.5
四川	1.86	10.41	8.55	2.00	13.28	11.28	7.5	27.6	32.0	−24.4
贵州	0.92	4.21	3.29	1.05	4.87	3.82	14.1	15.8	16.2	−2.1
云南	0.95	4.87	3.92	1.26	6.37	5.11	32.6	30.8	30.3	2.3
西藏	0.04	0.22	0.18	0.0454	0.39	0.34	13.5	76.1	89.9	−76.4
陕西	0.88	4.65	3.77	0.82	6.08	5.26	−6.8	30.8	39.5	−46.3
甘肃	0.45	2.21	1.76	0.53	3.07	2.54	17.8	38.6	44.0	−26.2
青海	0.20	0.89	0.69	0.15	0.98	0.83	−25.0	10.6	21.0	−46.0
宁夏	0.28	1.33	1.05	0.27	1.40	1.13	−3.6	5.4	7.8	−11.3
新疆	0.83	4.21	3.38	0.68	4.40	3.72	−18.1	4.6	10.2	−28.2
全国总数	35.81	221.43	185.62	34.26	245.97	211.71	−4.3	11.1	14.1	−18.4

注：由于四舍五入，各省的合计与全国数有微出入。

数据来源：根据国家统计局2010年普查及2015年"小普查"的微样本数据推算。

第五章 城镇化与家庭的完整性：流动人口子女的困境

表 5.6 分省流动人口子女人数、随迁率及留守率的估算(2015 年)

(单位:百万人)

省份	流动儿童 MC	流动人口 M	成年流动人口 AM	流动人口的子女总数 EC	在该省流动人口所产生的留守儿童数量 LBCG	流动人口子女随迁率(%) MC%	流动人口子女留守率(%) LBCG% 2010年	2015年	2010—2015年的增减 DLBC
西藏	0.04	0.39	0.35	0.171	0.131	23.4	61.6	76.6	15.0
新疆	0.68	4.40	3.72	1.815	1.135	37.5	48.6	62.5	13.9
海南	0.27	1.80	1.53	0.747	0.477	36.2	53.5	63.8	10.3
江西	0.82	5.36	4.55	2.220	1.400	36.9	52.8	63.1	10.3
江苏	1.66	16.53	14.87	7.257	5.597	22.9	68.0	77.1	9.1
青海	0.15	0.98	0.83	0.405	0.255	37.0	54.7	63.0	8.3
北京	0.64	8.04	7.40	3.611	2.971	17.7	76.0	82.3	6.3
上海	0.87	10.45	9.58	4.675	3.805	18.6	75.2	81.4	6.2
重庆	0.43	5.12	4.68	2.284	1.854	18.8	75.0	81.2	6.2
陕西	0.82	6.08	5.26	2.567	1.747	31.9	62.6	68.1	5.5
黑龙江	0.45	3.81	3.36	1.640	1.190	27.4	67.2	72.6	5.4
浙江	2.18	17.71	15.53	7.579	5.399	28.8	65.9	71.2	5.3
辽宁	0.61	5.63	5.02	2.450	1.840	24.9	69.9	75.1	5.2
吉林	0.44	3.79	3.35	1.635	1.195	26.9	68.1	73.1	5.0
四川	2.00	13.28	11.29	5.510	3.510	36.3	59.8	63.7	3.9
广东	4.17	38.20	34.03	16.607	12.437	25.1	71.5	74.9	3.4
内蒙古	0.86	5.88	5.02	2.450	1.590	35.1	62.6	64.9	2.3
天津	0.24	4.03	3.79	1.850	1.610	13.0	85.8	87.0	1.2
安徽	1.20	7.67	6.48	3.162	1.962	37.9	61.7	62.1	0.4

(续表)

省份	流动儿童 MC	流动人口 M	成年流动人口 AM	流动人口的子女总数 EC	在该省流动人口所产生的留守儿童数量 LBCG	流动人口子女随迁率（%）MC%	流动人口子女留守率（%） LBCG% 2010年	流动人口子女留守率（%） LBCG% 2015年	2010—2015年的增减 DLBC
宁夏	0.27	1.40	1.13	0.551	0.281	49.0	52.4	51.0	-1.4
山西	1.07	5.80	4.73	2.308	1.238	46.4	55.4	53.6	-1.8
湖北	1.28	9.57	8.29	4.046	2.766	31.6	70.3	68.4	-1.9
贵州	1.05	4.87	3.82	1.864	0.814	56.3	47.1	43.7	-3.4
广西	0.98	5.85	4.87	2.377	1.397	41.2	63.5	58.8	-4.7
湖南	1.50	8.71	7.21	3.518	2.018	42.6	62.5	57.4	-5.1
甘肃	0.53	3.07	2.54	1.240	0.710	42.8	64.0	57.2	-6.8
河南	1.80	8.76	6.96	3.396	1.596	53.0	54.7	47.0	-7.7
云南	1.26	6.37	5.11	2.494	1.234	50.5	60.3	49.5	-10.8
河北	1.62	7.99	6.38	3.113	1.493	52.0	59.6	48.0	-11.6
山东	2.35	13.21	10.86	5.300	2.950	44.3	67.3	55.7	-11.6
福建	2.02	10.80	8.78	4.285	2.265	47.1	66.1	52.9	-13.2
全国	34.26	245.97	211.71	103.314	69.054	33.2	66.1	66.8	0.7

注：本表省份根据流动人口子女的留守率在2010—2015年的增减（即DLBC）排序。由于四舍五入，各省的总和与全国数有微出入。

各项指标的公式：

$$AM = M - MC \qquad EC = AM \times 0.488$$
$$LBCG = EC - MC \qquad MC\% = MC/EC \times 100\%$$
$$LBCG\% = LBCG/EC \times 100\% \qquad DLBC = LBCG\% \, 2015 - LBCG\% \, 2010$$

(0.488是流动儿童人口与成年流动人口的比例，数据引自表5.1）

数据来源：表5.5及国家统计局2010年普查及2015年"小普查"的微样本。

的教育质量一般都比流出地（农村）的好，因此就读的需求十分高。

我们分析2010年和2015年的流动人口子女的分省数据，可以估算居住在流入地的成年流动人口的留守儿童的总数，及相应的儿童留守率。部分流入地对流动儿童的严格政策和昂贵的生活成本导致流动儿童在流入地无法留下，只能回老家，或导致父母干脆就把子女留在农村没有带出来。我们用全国2015年流动人口数据中的成人人口与儿童人口的比例（0.488），来推算2015年各省成年流动人口的子女的总数。表5.6通过比较各省儿童总数与实际流动儿童的人数，可以推算出各省产生的留守儿童的数量，从而计算出儿童随迁率及留守率①。儿童随迁率或留守率可以视为衡量流入地对流动儿童居留困难程度的一个综合指标。留守率越高（或随迁率越低），表明流动儿童要在流入地居留面临的困难程度更高。

根据表5.6中的数字，图5.4排列了2015年各省流动人口子女留守率，结果显示天津、北京和上海（所产生）的留守率最高，达到81.4%—87.0%，而全国平均值只是66.8%。也就是说，父母在这三个省份（城市）居住的流动人口子女，81.4%—87.0%都没法与父母双方在一起居住，而成为留守儿童。换句话说，只有13.0%—18.6%的流动人口子女能够与他们的父母双方在流入地居住。紧随其后的是重庆、江苏、辽宁和广东，这些省的留守率都在74.9%—81.2%。也就是说，在上述七个省份的流动人口中，近八成的流动人口子女都是留守儿童，情况令人担忧。这七个省份也是农民工流入的大省份。反过来说，留守率最低的省份可以视为对流动儿童最友善的省份，它们是内陆省份贵州、河南和河北。但即使是这样，留守儿童仍然占流动人口子女的近一半（43.7%—48.0%），说明留守儿童的问题在所有省份都存在。

我们还可以用2010年的数据，重复相同的计算，并比较2010—

---

① 这里用的是狭义的"留守率"，即没有将"流留儿童"计算在留守儿童人口中。

2015年留守率百分比的变化（表5.6 DLBC栏）。该百分比的变化可以用来判断某一省在2010—2015年对流动儿童吸引力的变化：大多数省份的留守率都在上升，只有少数省份有所下降。排除少数几个民族自治区，留守率增幅最高的是海南、江西和江苏，其次是北京、上海和重庆。虽然这些省份原来在2010年的留守率已经很高，但到了2015年，留守率又提高了6.2%—10.3%。在另一端，留守率最低是福建、山东、河北和云南。这些省份的留守率的确有明显的下降，在这五年中，降了10.8%—13.2%，说明这些省份对流动儿童变得更具吸引力。

利用相同的逻辑，我们也可以比较流动人口中成年人口及儿童人口的增长率，来衡量各省对流动儿童的友善度。如果流动儿童的增长率比成年人口的缓慢，可以视为该省对流动儿童变得更不友善，反之亦然。表5.5的最右一栏列出计算两个增长率的差异，结果与表5.6中最右一栏的分析大致相同。

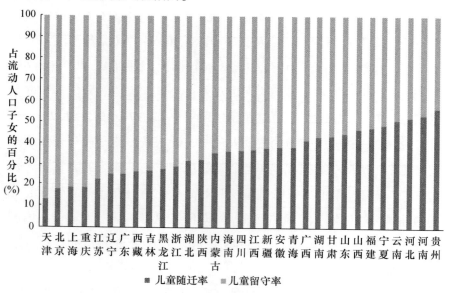

图5.4　2015年流动人口子女的随迁率及留守率
数据来源：表5.6。

值得指出的是，图 5.4 的分析所得出的对流动儿童最不友善的排名第 2—5 位的四个省份（北京、上海、江苏和重庆），却在另一项由 2015 年北京师范大学作的评估中被列入在儿童政策方面取得重大进展的省份。① 仔细分析一下可以发现，北京师范大学的评级只看有关当地（户籍）儿童的政策，与流动儿童的情况完全无关。两项评价的不同结果说明，在户籍儿童福利、政策最好的省份，往往是流动儿童福利、政策最差的省份。这在一定程度上也说明了有本地户籍的儿童与没有本地户籍的儿童在处境等方面存在重大差别。

从减少留守儿童人口总量的角度来看，表 5.6 中各省产生的留守儿童的绝对数也是有启发意义的。根据这个指标，2015 年，产生最多留守儿童的省份是广东（约 1,244 万），其次是江苏和浙江（500 多万）以及上海和四川（各 300 多万）。这 5 个省份"产生"的留守儿童，约占全国所有留守儿童人口的 45%。除了四川之外，其他 4 个省份流动人口子女的留守率都很高，超过 70%。要减少留守儿童总人口，这些省份要肩负更大的责任。

六、小　　结

自从 20 世纪 70 年代末开始，中国实行改革开放。这种以户籍为基础、农民工为主体的"半城镇化"，产生了大量的廉价城镇劳动力，带动了经济快速增长。然而，这种让人口"落脚"但不能"落户"的政策，却导致数千万流动人口的子女与父母分离，变成了留守儿童。近年来，虽然中央和地方采取了一些措施来缓解留守儿童问题，但是，一些大城市和省份对流动儿童采取了较为严格的入学限制，又使问题恶化了。

---

① 参见张明敏：《第二届儿童政策进步指数发布》，载《公益时报》2017 年 6 月 6 日第 10 版。

随着进一步的城镇化，家庭迁移会越来越普遍。随着农村向城市迁移的可能性不断增加，迁移人口将不可避免会带着家属子女。迁移不仅仅只是劳动力的迁移，而是举家迁移。随迁子女的增加是城镇化逐步成熟、完整化的重要组成部分，地方政府不能把家庭迁移的增加，简单地看成是增加城镇化的成本。① 家庭的城镇化，应当是社会中"人的城镇化"，是发挥城镇化红利的重要部分。当前，中国人口快速老龄化，特别是城市户籍人口的老龄化速度比农村人口的更快，流动人口子女，无论是流动儿童还是留守儿童，必将成为未来城市劳动力供给的重要来源。然而，正如前述分析所指出的，一些省份，特别是沿海地区的大城市，对流动儿童入学加以严格控制，造成了不少留守儿童人口。事实上，这些限制措施并不利于城市未来的发展，也不利于国家整体、长远的发展利益。

儿童是国家、社会的未来，流动人口子女这一庞大群体将对中国的未来具有关键性的影响。如果这些儿童没有得到充分的教育和照顾，无法得到父母的日常爱护和管教，他们的成长将面临巨大的风险，也是国家未来一个重大的隐忧。

 延伸阅读

1．〔美〕陈金永：《沪学生评估夺冠的光环背后》，载《明报》2014年1月3日第A30版。

2．段成荣、赖妙华、秦敏：《21世纪以来我国农村留守儿童变动趋势研究》，载《中国青年研究》2017年第6期。

3．冯帅章、陈媛媛、金嘉捷：《城市的未来：流动儿童教育的上海模式》，上海财经大学出版社2017年版。

---

① 参见任远：《大迁移时代的儿童留守和支持家庭的社会政策》，载《南京社会科学》2015年第8期。

4. 佘宇、冯文猛等：《大城同学：特大城市流动儿童义务教育问题研究》，中国发展出版社2017年版。

5. 熊易寒：《移民政治：当代中国的城市化道路与群体命运》，复旦大学出版社2019年版。

6. Eli Friedman, *The Urbanization of People: The Politics of Development, Labor Markets, and Schooling in the Chinese City*, Columbia University Press, 2022.

7. Kam Wing Chan, China's Precious Children, *Eurasian Geography and Economics*, Vol. 60, No. 5, 2019.

8. Kam Wing Chan and Yuan Ren, Children of Migrants in China in the Twenty-first Century: Trends, Living Arrangements, Age-gender Structure, and Geography, *Eurasian Geography and Economics*, Vol. 59, No. 2, 2018.

9. Kam Wing Chan and Yuan Ren (eds.), *Children of Migrants in China*, Routledge, 2020.

10. Miao Li, *Citizenship Education and Migration Youth in China: Pathways to the Urban Underclass*, Routledge, 2015.

第六章
城镇化政策与户籍改革：
发展趋势与问题

本章主要讨论最近十年来的城镇化速度,分析城镇化及相关的规划与政策。下一章将在此基础上提出可行的户籍改革方案。

一、2014年新型城镇化规划、户籍改革

在中国,城镇化人口有两种计算方法:一种是计算城镇的常住人口,另一种是只计算城镇户籍人口。城镇常住人口包含有城镇户籍与没有城镇户籍的常住人口,两种城镇化人口之差也就是城镇非户籍人口;城镇非户籍人口不能享受城市的福利。相应地,这两种城镇化人口占全国总人口的比重,可以有两种比率:前者叫作"常住人口城镇化率",后者叫作"户籍人口城镇化率"。"两率之差",也就是城镇非户籍人口占全国总人口的比重[①]。理想的情况是:两种比率应该是大致相若,也就是说,在城镇的所有常住人口都可以享受城镇的福利。"两率之差"应该是越小越好,最终是要达到零。可是,从20世纪80年代初开始,中国城镇的"两率之差"却不断扩大,2012年达到17.3%(见图6.1),这不是理想的城镇化趋势。

2011年,国家开始推动"新型"城镇化,以扭转之前十几年侧

---

① 详细的统计指标口径等细节的讨论,参见孙文凯:《户籍改革应选择正确的参考指标》,http://column.cankaoxiaoxi.com/plgd/2017/0704/2166492.shtml,2021年7月5日访问。

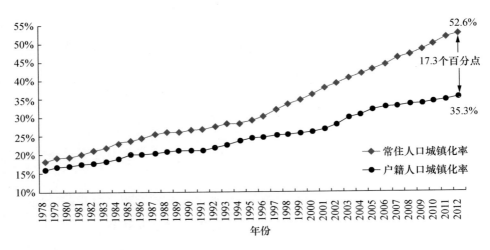

图6.1 常住人口城镇化率与户籍人口城镇化率的差距("两率之差")
数据来源:《国家新型城镇化规划(2014—2020年)》。

重城市建设的城镇化,把城镇化的重点放到人的方面:推进"以人为本"的城镇化,以改变"化地不化人"的倾向。国家期望扩大城镇家庭收入,促进经济,而不只是投资地方的城市建设。①这些指导原则得到2013年11月中共十八届三中全会的批准。三中全会通过的《中共中央关于全面深化改革若干重大问题的决定》还确认,"城乡二元结构是制约城乡发展一体化的主要障碍",并且提出要加快户籍制度改革。

2014年3月,中国公布了第一个国家城镇化蓝图,即《国家新型城镇化规划(2014—2020年)》(以下简称《规划》),提出在2014—2020年,"努力实现1亿左右农业转移人口和其他常住人口在城镇落户",即给予1亿人新的城镇户口,并以在城镇有稳定就业的农业户口人口为优先,兼顾高校和职业技术院校毕业生、城镇间异地就业人员和城区城郊农业人口。《规划》提出的发展目标为:到了2020年,预测常住人口城镇化率达到60%左右,户籍人口城镇化率达到45%

---

① 参见《李克强总理等会见采访两会的中外记者并回答提问》,http://www.gov.cn/guowuyuan/2013-03/17/content_2591135.htm,2021年10月25日访问。

左右（见表6.1）。《规划》提出要缩小"两率之差"两个百分点，即要让城镇非户籍人口从2012年占全国总人口的17.3%，下降到2020年的15%，年均要下降0.3个百分点左右。计划要给1亿人口落户城镇，这样大规模的落户是以前规划中从未有过的。也就是说，从2014年开始，每年平均约有1,700万人落户，其中外来人口落户的占比将大幅度增加，每年可能达到1,000万—1,200万人。《规划》还提出了其他在2020年要求达到的重要指标，包括农民工随迁子女接受义务教育的比例要不低于99%（见表6.1）。

表6.1 新型城镇化规划主要指标

指标	2012年	2020年
城镇化水平		
常住人口城镇化率（%）	52.6	60左右
户籍人口城镇化率（%）	35.3	45左右
基本公共服务		
农民工随迁子女接受义务教育比例（%）		≥99
城镇失业人员、农民工、新成长劳动力免费接受基本职业技能培训覆盖率（%）		≥95
城镇常住人口基本养老保险覆盖率（%）	66.9	≥90
城镇常住人口基本医疗保险覆盖率（%）	95	98
城镇常住人口保障性住房覆盖率（%）	12.5	≥23

数据来源：《国家新型城镇化规划（2014—2020年）》。

2014年7月底，国务院又公布了《国务院关于进一步推进户籍制度改革的意见》（以下简称《意见》），提出全面放开建制镇和小城市落户的限制，有序放开中等城市落户限制，合理确定大城市落户条件，严格控制特大城市人口规模，并列出具体的差别化落户政策；同时，要在全国取消农业和非农业户口分类[1]，取消农业户口与非农业

---

[1] 这个政策从2005年开始就在一些省市实行，但是到了2019年，全国还有些省份未有实行。海南省在2019年10月才宣布要取消农业户口与非农业户口的区分。参见饶贤君：《海南省取消落户限制 取消农业和非农户口区分》，https://36kr.com/p/5259649，2019年12月1日访问。

户口性质的区分，统一登记为居民户口。《规划》与《意见》是在户改的进程中迈出了重要的第一步，表明了中央的态度和期望。《意见》更明确原则上公民离开户口常住地，到城市居住半年即可以通过居住证制度逐步享受基本公共服务的权利。当然，政策落实的关键还是在于地方政府如何执行这些政策及措施。①按照《规划》中提出来的速度，中国还要再用30多年才能把"两率之差"完全降到零，做到真正取消户籍制度。以我看来，户籍改革渐进是对的，但速度可以加快，这个将在下一章详细论述。

二、2010—2020年城镇化、"两率之差"的趋势

为了初步评估自2014年以来推行的新型城镇化规划及户籍改革政策，表6.2.1、表6.2.2列出了从不同渠道收集到的2000年以来城镇人口和城镇非户籍人口的相关数据，用以分析城镇化、"两率之差"的发展趋势。数据包括了2021年发表的"七普"的主要数据，以及国家统计局在"七普"后重新调整的2011—2019年全国人口、城镇常住人口数等②；城镇户籍人口数则来自公安部历年的户籍登记统计。可以看到，2010—2020年全国常住人口城镇化率持续上升，2020年（年底数，下同）的比重达到63.9%（表6.2.1 D栏），比2010年增加了13.9个百分点。但近十年城镇常住人口增长速度低于前十年，从年均增长率的3.78%下降到2.98%（表6.2.2 B栏）。同样，城镇非户籍人口2010年以来的增长速度也有所放缓（H、I栏），但城镇户籍人口的增长率基本上变动不大，年均百分点实际上还是增加了（G

---

① See Kam Wing Chan, China's Urbanization 2020: A New Blueprint and Direction, *Eurasian Geography and Economics*, Vol. 55, No. 1, 2014, pp. 1-9.
② 参见《第七次全国人口普查公报（第七号）》，http://www.stats.gov.cn/tjsj/zxfb/202105/t20210510_1817183.html，2021年5月15日访问；国家统计局编：《2021中国统计年鉴》，中国统计出版社2021年版，第31页表2-1。

表 6.2.1 全国城镇常住人口、城镇户籍人口及城镇非户籍人口规模及变化（2000—2020 年分年份）

年份	全国总人口		城镇常住人口				城镇户籍人口			城镇非户籍人口		
	A		B	C	D		E	F	G	H (= B − E)	I	J
	规模（百万）		规模（百万）	年增量（百万）	占全国的百分比（%）		规模（百万）	年增量（百万）	占全国人口的百分比（%）	规模（百万）	年增量（百万）	占全国人口的百分比（%）（"两率之差"）
2000	1,267		459		36.2		323		25.5	136		10.8
2010	1,341		670	24.7	50.0		460	9.3	34.3	210	15.4	15.7
2011	1,349		699	29.5	51.8		471	11.0	34.9	228	18.5	16.9
2012	1,359		722	22.5	53.1		480	9.1	35.3	242	13.4	17.8
2013	1,367		745	23.3	54.5		490	10.2	35.8	255	13.1	18.7
2014	1,376		767	22.4	55.7		491	1.1	35.7	276	21.3	20.0
2015	1,383		793	25.6	57.3		549	57.5	39.7	244	−31.9	17.6
2016	1,392		819	26.2	58.8		570	21.2	40.9	249	5.0	17.9
2017	1,400		843	24.2	60.2		593	23.2	42.4	250	0.9	17.9
2018	1,405		864	20.9	61.5		610	16.6	43.4	254	4.3	18.1
2019	1,410		884	19.9	62.7		621	11.8	44.0	263	8.2	18.7
2020	1,412		902	17.7	63.9		641	19.6	45.4	261	−1.9	18.5

注：由于四舍五入的问题，表中部分数据有细微的出入。

数据来源：城镇户籍人口：吴阳、张佳：《公安部：到去年底，1.2 亿农业转移人口落户城镇，户籍人口城镇化率达 45.4%》，https://www.sohu.com/a/465594116_116237，2021 年 5 月 11 日访问；Kam Wing Chan（with Fang Cai, Guanghua Wan, and Man Wang），Urbanization with Chinese Characteristics: The Hukou System and Migration, Routledge, 2018, Table 2。其他人口数据：国家统计局编：《2021 中国统计年鉴》，中国统计出版社 2021 年版，第 31 页表 2-1。

表 6.2.2　全国城镇常住人口、城镇户籍人口及城镇非户籍人口规模的变化（2000—2020 年分时期）

时期	全国总人口	城镇常住人口			城镇户籍人口			城镇非户籍人口		
	A 年均增长率（%）	B 年均增长率（%）	C 年均增长量（百万）	D 年均增加百分点	E 年均增长率（%）	F 年均增长量（百万）	G 年均增加百分点	H(=B−E) 年均增长率（%）	I 年均增长量（百万）	J 年均增加百分点
2000—2010	0.56	3.78	21.1	1.37	3.54	13.7	0.88	4.31	7.4	0.49
2010—2020	0.52	2.98	23.2	1.39	3.33	18.1	1.11	2.17	5.1	0.28
2010—2013	0.65	3.55	25.1	1.51	2.13	10.1	0.52	6.46	15.0	0.99
2013—2020	0.46	2.73	22.4	1.34	3.84	21.6	1.37	0.33	0.9	−0.02

数据来源：表 6.2.1。

栏），年均增长规模也大幅度增加（F栏），这符合《规划》要求发展的方向。

总的来说，在2014—2020年这七年间落户1亿人的目标是达到了①，但"两率之差"在2013年底的数（18.7%）与2020年底的数（18.5%）基本上持平（表6.2.1 J栏），没有达到《规划》提出的要在这段时间内下降两个百分点的目标，更没有在2020年底达到15%，原因是这段时间城镇常住人口的增加数（1.57亿）② 比落户的1.2亿要多。

仔细分析一下，从表6.2.1、表6.2.2及图6.2可以看到，"两率之差"在2015年有大幅度的下跌，2016—2017年保持平稳，2018—2020三年又微升。2015这一年，城镇常住人口增加了2,564万，城镇户籍人口也大幅度增加了5,750万，因而使城镇非户籍人口在同年急剧下降了3,186万，户籍人口的城镇化率从35.7%跃升至39.7%。在这一年，由于各地大力推行2014年提出的《规划》，有大量的城镇非户籍人口"转化"为城镇户籍人口，使"两率之差"缩小了2.4个百分点。这是件好事，扭转了城镇非户籍人口40年来一直上升的趋势，表明户籍改革取得了一些进展。

但是，与此同时，近些年的"城镇化"也存在一定的"水分"，城镇户籍转换的人口中还包括了"村转居""农转居"等名称上是转成城镇户籍，但实质上还无法享受城市福利的人口。③ 现在看来，

---

① 参见吴阳、张佳：《公安部：到去年底，1.2亿农业转移人口落户城镇，户籍人口城镇化率达45.4%》，https：//www.sohu.com/a/465594116_116237，2021年5月11日访问。

② 指表6.2.1中B栏2013年与2020年城镇常住人口数之差。

③ 参见史育龙、申兵、刘保奎、欧阳慧：《对我国城镇化速度及趋势的再认识》，载《宏观经济研究》2017年第8期；Ernan Cui, Urbanization Without Migration, Gavekal Dragonomics, May 23, 2018；蔡昉、郭震威、王美艳：《中国新型城镇化如何成为经济增长源泉：一个供给侧视角》，载《比较》2016年第3期；蔡昉：《合理评估"就地变更户籍身份"的改革潜力》，http：//views.ce.cn/view/ent/202011/09/t20201109_35987024.shtml，2020年11月10日访问。根据上述研究，2014—2020年存在大量的城乡行政划分及户籍（如"村转居"）的改变，但没有实质的城乡或户籍福利的改变。蔡昉估计，近年来，超过一半的户籍人口城镇化率的增加是由这个因素造成的。相关内容可参阅本章第四部分有关农转非的分析。

2015年的"跃进"好像只是昙花一现，2016年城镇户籍人口仅增加了2,120万人，不及2015年的一半。考虑到2015—2016年还为1,440万"无户籍"的人口（主要是超生儿）上了户籍，①加上城镇户籍人口本身的自然增长（每年约在500万—700万人），2016年几乎没有新的流动人口转化为城镇户口。2017—2020年城镇户籍人口每年增加1,177万—2,325万，大部分都是略低于城镇常住人口的增长，使城镇非户籍人口的比重（或"两率之差"）没有多大变化。由于近年放松了"一孩"生育政策，城镇户籍人口的增加也包含了更多的自然增长，实际上转换户籍的人数也减少了。

根据2021年5月11日国家统计局发布的《第七次全国人口普查公报（第七号）》，我们可以发现另一数据：流动人口的规模达到近3.76亿，远远超过普查前历年抽样调查所得到的规模，也比2010年的2.2亿增加了1.5亿；3.76亿约占全国总人口的26.1%，这是相当惊人的。2020年流动人口的数据是直接从普查中得到的，相比普查前抽样调查所得到的数据及用公安户籍的数据去推算的城镇非户籍人口的规模，更具代表性②，是更准确的数据。也就是说，"两率之差"实际上比18.5%高得多③。正如一些学者指出的，这些数字说明，在城市中还有大量常住人口不能享受跟户籍人口一样的公共服务。要推进公共服务均等化，依然任重道远。④

---

① 2015年国务院办公厅出台了《国务院办公厅关于解决无户口人员登记户口问题的意见》，解决无户籍人员的问题。

② 参见《国家统计局新闻办对网民关注的几个问题的说明》，http：//www.stats.gov.cn/tjsj/zxfb/202105/t20210512_1817360.html，2021年5月12日访问。

③ 关于不同指标的范围及使用，可参见孙文凯：《户籍改革应选择正确的参考指标》，http：//column.cankaoxiaoxi.com/plgd/2017/0704/2166492.shtml，2021年7月5日访问。

④ 参见刘美琳、尤方明：《中国人口迁移大变局：省会城市人口首位度齐升》，https：// www.21jingji.com/article/20210717/8b8beca2d06b98a326101829b55bef0e.html，2021年7月17日访问。

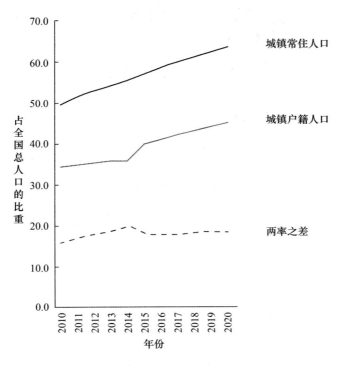

**图 6.2　常住人口城镇化率与户籍人口城镇化率的差距（"两率之差"）
（2010—2020）**

数据来源：表 6.2.1。

三、近年的流动儿童入学政策

根据第五章的分析，20 世纪 90 年代，中国进入市场经济快速发展时期，流动人口数量急速增加，随着农民工年龄的提高，农民工子女的规模也大幅度增加。从表 5.1 中看到，流动人口的子女人口与农民工人口的比例大幅度上升。因此，流动儿童的教育问题逐渐变得严重。中央在 21 世纪第一个十年后期，为了解决流动儿童在义务教育阶段的入学问题，提出了一系列的政策措施，①并敦促地方政府着力解决流动儿童的义务教育问题。不过，各地的落实情况及采取的具体政策有所不同。整体来说，20多年来，流动人口的子女在流入地入学的规模有所扩大，情况也有所改善。但正如第五章指出的，相对于流动人口的规模，流动人口子女占流动人口的比重在2000—2010年基本上没有改变，大部分流动人口的子女依然是留守儿童。

在2000年以前，政府对流动人口子女进城上学基本上是采取限制的态度。但是，随着举家迁移逐渐出现，流动儿童的教育问题开始受到重视。国务院在2001年发布的《国务院关于基础教育改革与发展的决定》中提出，"以流入地区政府管理为主，以全日制公办中小学为主，采取多种形式，依法保障流动人口子女接受义务教育的权利"，即一般所指的"两为主"政策。这个中央政策一直持续至今，但地方政府在实行中因有其他的考虑而有所反复，中央的其他政策也不是完全与此"两为主"一致。

2010年后，特别是从2013年开始，在大城市，流动儿童在流入地上学变得更加困难。虽然中央在2014年公布了《规划》，提出要保障随父母迁移的子女平等享有受教育权利的目标，并要求到2020年，使得99%以上的农民工的随迁子女可以在城镇得到义务教育，但国务院同年又发布了户籍改革的文件，确定了对不同城市"梯度开放"户籍的原则，即全面开放建制镇和小城市落户限制、有序开放中等城市落户限制、严格控制特大城市规模。这也间接产生了大量的留守儿童。

在新的户籍改革政策实施之后，在中小城市，流动儿童人口不

---

① 具体的随迁子女入学的政策可参见杨东平：《中国流动儿童教育的发展和政策演变》，载杨东平主编：《中国流动儿童教育发展报告（2016）》，社会科学文献出版社2017年版，第1—20页；李楠：《国务院新规：237个区县流动儿童公办学位+民办补贴比例不低于85%》，https://mp.weixin.qq.com/s?__biz=MzU2NDYyMjQ3NQ==&mid=2247483663&idx=1&sn=021f009dadf72aba631281f0cf634907&chksm=fc4964ebcb3eedfd6737cfa352f9124d62e2e145edceac1ca612344d0bc509f10c1d4b04a3ef&scene=21#wechat_redirect，2021年7月5日访问。

多，一般来说，入学问题不是很大，但在农民工及流动儿童人口多的大城市，入学的限制却越来越多。2013年之后，一线城市及许多大城市进一步限制流动儿童接受教育的机会，使得一些流动人口的子女没法在流入地上学，不得不回到老家成为留守儿童。我在第五章中推算出，2015年，在北京、上海、天津，80%以上流动人口的子女是留守儿童；全国最大的五个留守儿童产生地（广东、江苏、浙江、上海、四川），直接或间接产生了近3,200万留守儿童，约占全国留守儿童总规模的45%。总的来说，从目前我们掌握到的人口数据可以看到，流动儿童占流动人口的百分比从2010年的16.2%，下跌到2015年的13.9%（见表5.1），反映了流动儿童更难以留在流入地，主要的原因是入学的困难度加大。流动儿童回到户籍所在地，就极可能变成留守儿童。不难看到，解决留守儿童的问题，不仅仅要在留守儿童居住的地方加强保护，更重要的工作是要从"源头"（即流入地）来减少留守儿童人口的产生。[1]很多人以为流出地是留守儿童的"源头"，其实真正的"源头"是在流动人口目的地的大城市。

　　大城市要严格限制人口规模，流动儿童面临的情况就会变得更加严峻。这里用上海作为例子解析一下这方面的问题。近20年上海流动儿童教育政策可以归纳为三个时期：[2]

　　2001—2007年：2000年以前，流动儿童很难进入上海的公办学校就读，大部分都在民工子弟学校上学，这些学校是完全市场化的"私立学校"，基本上没有政府的资助及监管。2001年，国务院提出"两为主"政策，有些流动儿童进入公办学校就读，但需要交

---

[1] 参见魏佳羽：《流动儿童问题的解决之道》，https：//mp.weixin.qq.com/s?__biz=MzAwODQyOTUyOA==&mid=2247487504&idx=1&sn=5d2c9db8e35f8ee32df4255ca0606ebb&source=41#wechat_redirect，2021年8月9日访问。

[2] 这里有关上海的描述，主要参考张轶超：《农二代在上海的十年》，载陆建非、吴英燕主编：《风中的蒲公英：中国流动儿童生存报告》，上海文化出版社2018年版，第81—94页；《一篇文章了解上海流动儿童教育现状》，http：//www.163.com/dy/article/CLRVCC9G0514973E.html，2021年6月10日访问。

纳一笔可观的借读费，大部分流动儿童还是只能在民工子弟学校就读。

2008—2012 年：上海实施"三年行动计划"，积极解决农民工子女入学的问题。在这个政策下，随迁子女尽量被纳入公办学校就读，其他（小部分）进入民办（民工子弟）学校，并纳入教育管理，区政府提供资助。农民工只要能够提供有效期一年以上的临时居住证和就业证明，即可为其子女办理入读公办学校或民办学校。这段时间上海流动儿童教育的"纳民"政策，被认为是最理想的状态。相应地，流动儿童进入公立学校及民办学校就读的人数有大幅度的增加。

2013 年之后：2013 年中央提出要调控大城市的人口规模，上海开始实行"教育控人"，用积分制来审批流动儿童是否可以入学，并严格控制流动儿童获取"学籍"，收紧了流动儿童入学的政策口子。2013 年，上海市教委等四部门发布《关于来沪人员随迁子女就读本市各级各类学校实施意见》，明确规定，入学以流动儿童父母"合法稳定就业、合法稳定居住"为基本条件，2014 年，上海提高了流动儿童的入学门槛，把"合法稳定居住"这一标准提高到 2 年，2016 年又提高到 3 年，并要求有规定的证明文件。仅这一条，就有不少来沪人员的子女没法达标。这使得一些在幼儿园读大班的学生达不到入读小学的资格，只能返回老家或流动到其他地区就读，有些滞留在幼儿园"留级"就读，变成了"大龄"幼儿园生。还有一些孩子进入私人开办的补习班"就读"，失去了进入正规学校接受教育的机会。

此外，上海一些区要求流动人口必须缴满一年社保或持灵活就业登记证一年以上，其子女才有入学资格。[①] 2015 年，闵行、宝山、嘉定三区再把这些要求提高，父母一方持临时居住证要满 3 年，加连续

[①] 参见冯帅章、陈媛媛、金嘉捷：《城市的未来：流动儿童教育的上海模式》，上海财经大学出版社 2017 年版，第 165 页。

2 年灵活就业登记。① 很多从事低技能职业的外地家长，就因生活拮据，不能继续缴纳社保费用，不得不让子女退了学。到了 2016 年，上海进一步要求流动人口必须连续缴纳社保，且每年都会严格检查，否则其子女会被退学。另外，家长有无房产也逐渐成为流动儿童入学的条件之一。如浦东新区 2015 年后的政策规定，对于父母持有有效上海居住证且达到标准分值、有该区房产证的可以优先安配子女入学。2018 年起，上海取消了临时居住证，入学改为以户籍及积分为主（以及起码 6 个月缴社保要求），因此流动儿童入学的情况并没有改善。

冯帅章等人②的调研指出，入学政策收紧后，主要受到影响的是在小型工厂、小微企业上班的合同工。这些企业需要为员工支付每月 900 多元的社保，个人缴纳 400 多元，因一些小厂或企业并没有为上班的打工者缴纳社保，因此直接导致这些人的孩子在入学时存在困难。这意味着父母在小厂或企业工作、做小生意或者租赁建在农民宅基地上的房屋（因为租赁的房子不具有房产证，不能办理居住证③）的学生都不能在上海入学。根据学者在上海郊区幼儿园作的一个调查发现，有一半以上的幼儿园大班学生不符合在上海就读小学的条件。小学进入初中的门槛更高，④不少流动儿童在小学毕业后，可能就会辍学。另外，2013 年后还有一些民工子弟学校被关闭。

2018 年秋天，我在上海复旦大学访学一个月，实地在上海了解了一些流动儿童就学的情况，并跟几位对这方面有认识的教授、校长、老师、志愿团体人员讨论，得到的讯息与上面的描述基本一致。在浦

---

① 参见余宇、冯文猛等：《大城同学：特大城市流动儿童义务教育问题研究》，中国发展出版社 2017 年版，"上海市流动儿童义务教育调查报告" 部分。

② 参见冯帅章、陈媛媛、金嘉捷：《城市的未来：流动儿童教育的上海模式》，上海财经大学出版社 2017 年版，第 164—165 页。

③ 在有些地方，这一条可能没有实行。参见 Sarah Wang：《2017 上海居住证办证之旅》，https：//zhuanlan.zhihu.com/p/29811788，2020 年 5 月 10 日访问。

④ 参见张轶超：《农二代在上海的 10 年》，载陆建非、吴英燕编：《风中的蒲公英：中国流动儿童生存报告》，上海文化出版社 2018 年版，第 81—94 页。

东新区一所民工子弟学校的访谈中,也了解到一些民工是从事小生意、小摊贩等的外来人口,都没法缴交社保,所以其子女要在沪上学始终是一个大问题。

2014 年之后,原来在上海上学后来回老家就读的流动儿童人口数目逐年增加,2018 年估计有六七万随迁子女离开了上海。① 如果用一个更宽的角度,即把上海流动人口中父母没有带出来且留在老家的子女也算进去,那么因各种因素离开上海或留在老家的子女数目更为庞大,据我的估算,2015 年一共可以达到 380 多万(见第五章表 5.6)。

北京在 2004 年开始实施"五证"(即适龄儿童父母或其他法定监护人本人在京务工就业证明、在京实际住所居住证明、全家户口簿、在京暂住证、户籍所在地街道办事处或乡镇人民政府出具的在当地没有监护条件的证明)入学的制度,虽然没有如上海一样实行"纳民"积极政策,但开始的时候执行"五证"有些弹性,总体来说不是很严格。不过,后来"五证"的审核入学门槛变得非常严格,无法通过"五证"审查的都没法入学。这些措施也从市区、近郊区扩至北京大多数区县。同样,北京也陆续关闭了一些民工子弟学校。根据第五章表 5.5,2010—2015 年,在北京的流动儿童人口下降了 39.6%,说明了这些政策的影响。当然,高技能人才不受这个影响,不但可获北京户口,其配偶及未成年子女也可以随调随迁就读。②

其他两个一线城市,即广州、深圳,对民办的民工子弟学校没有采取大规模拆除、关闭的措施。2014 年之后,两个城市关于流动儿童的入学条件,是通过计算父或母的积分制度(按照年龄、学历、居住证年数、社保年数等计算积分排序安排有限的学位)确定是否进入公办学校;另外,政府对民办学校实行一定的资助(虽然对每个学生的

---

① 参见张轶超:《农二代在上海的十年》,载陆建非、吴英燕主编:《风中的蒲公英:中国流动儿童生存报告》,上海文化出版社 2018 年版,第 81—94 页。

② 参见《5 类高技能人才可获北京户口,配偶及未成年子女随调随迁》,https://www.chineseherald.co.nz/news/education/beijing-hukou/,2019 年 1 月 13 日访问。

资助金额没有上海的高），主要是通过市场发展民办学校，吸纳无法进入公办学校的适龄流动儿童。虽然流动儿童进入公办学校的比例没有北京、上海的高，但是在这两个城市流动人口可以自己掏钱让孩子进入民办学校，所以流动儿童留在父母身边的比例比北京、上海的高。① 专注流动儿童教育的新公民计划认为，广州和深圳这两个城市有大量的民办学校，给了父母更多的选择，虽然这种选择需要付出经济上的代价，但是有选择还是比没有选择要好，所以从父母的视角看，这个选择比把孩子留在老家更好。②

由于流动人口的子女面临着在流入地就学的种种困难，特别是在北京、上海，有些流动人口使用各种非正常的途径（包括办假证、假离婚等）以便让孩子获取入学的资格。③ 在一些大城市，非本地户籍的家长甚至通过抗议的手段，为自己的孩子争取入学资格。

表 6.1 里提到，2014 年《规划》提出了一个具体目标，即到 2020 年，要让农民工随迁子女接受义务教育比例高于 99%。此一目标是否已实现，还有待官方公布相关数据。不过，2018 年 4 月发布的《国务院教育督导委员会办公室关于补充全国中小学校责任督学挂牌督导创新县（市、区）评估认定内容的函》（国教督办函〔2018〕27 号）曾经指出："适龄儿童、少年享有公平的受教育机会。符合条件的随迁子女在公办学校和政府购买服务的民办学校就读的比例不低于 85%。"从上文所描述的情况看，高于 99% 的目标应该比较难达到，尤其是在一线城市。

---

① 参见《一篇文章了解上海流动儿童教育现状》，https：//www.163.com/dy/article/CLRVCC9G0514973E.html，2021 年 6 月 10 日访问。
② 参见魏佳羽：《流动儿童问题的解决之道》，https：//mp.weixin.qq.com/s?__biz=MzAwODQyOTUyOA==&mid=2247487504&idx=1&sn=5d2c9db8e35f8ee32df4255ca0606ebb&source=41#wechat_redirect，2021 年 8 月 9 日访问。
③ See Limei Li, To Comply or Not to Comply? Migrants' Responses to Educational Barriers in Large Cities in China, *Eurasian Geography and Economics*, Vol. 63, No. 2, 2022, pp. 271-284；李丽梅：《谁拥有城市的权利？上海永久性迁移人口落户的社会地理研究》，载陈映芳主编：《城市治理研究（第一卷）》，上海交通大学出版社 2017 年版，第 139—157 页。

四、取消"农转非",户籍还有用吗

媒体上曾经有不少这样的说法,即取消了"农转非",户籍已经没有用了,户籍制度很快将被废除等等。媒体的误判会影响一些学者的分析,以为全国正式废除农业和非农业户口的区分(即没有"农转非"),就是废除了户籍的城乡区分,这是严重的误解。正如我在前面章节中已经分析过的,尽管一些城市已经取消了农业和非农业户口的区别,所有本地户籍的人口都变成"居民"户口,但这些人原有的福利条件并没有实质的改变。

那么取消了"农转非"有什么含义?这可以分三个方面来分析。第一是大的区分,即是否有本地户口。本地户口与非本地户口之分同以前农业与非农业的分类大体上是差不多的。也就是说,在城镇中没有本地户口的人群,大多数是来自农村、持农业户口的。从农村来的人口,没有城市的本地户口,他们不是本地居民,当然无法享受城市的福利,这个没有大的改变。① 可以这样说,"农转非"的取消,并没有在实质上降低户口的作用,而只是把户口的区别,从原来的"农业"与"非农业"之分,变成"本地"与"非本地"之分。

第二是细分。取消了农业户口与非农业户口的区别,主要是影响本地户口的人口。"农转非"取消之后,所有本地的人口都是拿"居民"户口,但是,人们的基本福利还是依循原来"户口所在地"的福利,而这个户口所在地的所属"单位",可以是在城市、城区的一级,也可以细分到镇乡、街道这一级。所以,尽管现在在许多城市里原先持农业户口的人口在户口簿上已被称为"居民",但实际上他们

---

① 具体的指标可参阅本书第二章(尤其是表2.1)。另参见孙文凯:《户籍改革应选择正确的参考指标》,http://column.cankaoxiaoxi.com/plgd/2017/0704/2166492.shtml,2021年7月5日访问。

享有的福利并没有大改变，还是跟原来的差不多。"农转非"的取消，对于在大城市郊区由农业户口变成居民户口的家庭来说，可能会得到诸如在入学、买房等方面的实际利益。但是，各地政策都不一样，不能一概而论。有些地方，农业户口变成了居民户口，会丧失原来有关农村土地方面的权利，这在原有农业户口人口看来可能损失更大。①

第三是"就地城镇化"问题。最近几年在城镇化的推行过程中，一些地方在村委会改为居委会、乡镇改为街道的标准上存在一些不合理之处，出现了一些与原来农村差别不大的居委会和街道办事处。另外，有些地方在积极推行乡镇撤并、村庄合并的过程中，人为地扩大了城镇的范围。②这使得原来是在农村的农业户口人口，一下子变成了在城镇的"居民"。全国人大常委会委员蔡昉教授认为："这批人没有居住地的变化，没有职业的变化，可能将来预期基本公共服务会得到改善，但是在宣布他（们）成为城镇人口的时候，其实也没有重大变化。"他说，这种"就地城镇化"不是我们所强调的那种城镇化，我们想要的城镇化是人们转变了职业、转变了经济活动方式。③

有些研究及报道指出，城镇户籍不是大部分农民工的选择，认为农民要进城的意愿并不高。④我认为这些分析只是看到了表面，没有看到本质。对于很多被调查的农民工来说，可以进城的选择项主要是小

---

① 例如，2010 年广东省人民政府曾出台《关于开展农民工积分制入户城镇工作的指导意见》，规定在城市周边农村户籍的人落户城市，必须自愿将承包地交回。该指导意见现已失效。

② 参见史育龙、申兵、刘保奎、欧阳慧：《对我国城镇化速度及趋势的再认识》，载《宏观经济研究》2017 年第 8 期。

③ 参见《全国人大常委会委员呼吁城镇化 "重量" 更要 "重质" 推动户籍制度改革促进农民工市民化》，http：//www.sohu.com/a/285268237_115362，2018 年 12 月 29 日访问。详细分析可参考蔡昉、郭震威、王美艳：《中国新型城镇化如何成为经济增长源泉：一个供给侧视角》，载《比较》2016 年第 3 期。

④ See Yu Zhu and Liyue Lin, From "Integration into Cities" to "An Integrated Society"：Women Migrants' Needs and Rights in Fujian Province, China, in T. D. Truong et al. （eds.），*Migration, Gender and Social Justice: Perspectives on Human Insecurity*，Springer，2014，pp. 153-171；Chuanbao Chen and C. Cindy Fan，China's Hukou Puzzle：Why Don't Rural Migrants Want Urban Hukou? *The China Review*，Vol. 16，No. 3，2016，pp. 9-39；顾严：《农民还愿意进城吗?》，载《星岛日报（美西版）》2016 年 4 月 28 日第 A10 版。

城市,他们知道进入大城市的机会不大。所以,问他们要不要城镇户口,是等于问他们是不是愿意去小城市。他们当中有不少人不愿意拿小城市的户口,因为小城市的工作机会相对不多、福利相对较少,而且把户籍迁入城市,还有可能丧失农村的权利,尤其是土地。

实践中,部分地方政府在推行户籍城镇化政策过程中征收农民的土地,但没有给予农民合理补偿。①这也使得一些农民不太愿意采用这种用土地交换户籍的做法。中央农村工作领导小组原副组长陈锡文是这样解释为什么农民对转成城市户籍不感兴趣:"很多农民为什么不敢进城,不愿进城,有很多原因,其中一个是城里的很多公共服务没有提供给他,且他最大的担心就是换成城市户口之后,会不会强迫把(农村)那几个权利收走。"②

农民是否愿意进城,背后存在着一定的制度性掣肘。目前开放给农民工可以进城落户的主要是三四线城市及小城镇。几个全国性的大样本调查显示,愿意落户城市的农民工中,有70%左右的落户意向是大城市,③ 因为大部分农民工所能匹配的就业岗位主要集中在大城市,在大城市的流动人口都有很高的愿望落户。④ 但是,大城市的落户门槛没有降低。2014年之后,大城市进一步限制人口规模,严格限制流入人口。一些一线城市通过政策驱动,疏解了一些与超大城市定位不符的批发市场、中低端产业从业与就业者,同时提高了流动儿童的入学门槛,使得一些流动人口(流动儿童)回到原户籍地。

---

① See Shaohua Zhan, Hukou Reform and Land Politics in China: Rise of a Tripartite Alliance, *The China Journal*, Vol. 78, 2017, pp. 25-49.

② 转引自张雯:《实行"三权分置"让农村土地"活"起来》,http://www.nbd.com.cn/articles/2016%AD08%AD31/1034930.html,2021年7月13日访问。

③ 参见顾严:《农民还愿意进城吗?》,载《星岛日报(美西版)》2016年4月28日第A10版。

④ See Tao Liu and Jiejing Wang, Bringing City Size in Understanding the Permanent Settlement Intention of Rural-Urban Migrants in China, *Population, Space and Place*, Vol. 26, No. 4, 2020, pp. 1-15; Kam Wing Chan and Guanghua Wan, The Size Distribution and Growth Pattern of Cities in China, 1982-2010: Analysis and Policy Implications, *Journal of the Asia Pacific Economy*, Vol. 22, No. 1, 2017, pp. 136-155.

在一些大城市的近郊，由于土地的潜在市场价值高，农村户口持有人可能不愿放弃农村户口，因为换到的城市户口福利难以完全补偿他们丧失的土地权利。现在人们获得的社会福利，不仅仅是看拥有的是农村户口还是城市户口，而且还要看当地（乡村/地区）能提供什么样的福利。换句话说，一个人的福利是与户口登记地绑在一起的。如果所在的乡村，特别是在沿海发达地区已经有了不错的福利，那么当地农民可能就不太愿意放弃农村户口。

五、居住证是解决户口问题之道吗

与申请落户、户籍改革紧密相关的，还有居住证制度。居住证早在 20 年前已在一些大城市实施，但近年被认为是户籍改革的一个重大突破点。2014 年《规划》提出，要建立居住证制度，要在全国"全面推行流动人口居住证制度，以居住证为载体，建立健全与居住年限等条件相挂钩的基本公共服务提供机制，并作为申请登记居住地常住户口的重要依据"。一些中外媒体认为，这个新提法是要让居住证制度取代户籍制度。[①]

近几年来，各地特大城市的落户（户籍）措施（如上海、北京、东莞的积分入户制度）门槛都比较高，每年吸纳的数目非常有限。在一线城市中，深圳应该是最开放的。2019 年，深圳市积分入户名额达到一万。[②]当然，每个城市每年实际户籍人口净增量比积分入户的名额多，因为还有其他途径可以获得城市户口，如通过国企的直接人事调

---

① See John Ruwitch and Hui Li, China Eyes Residence Permits to Replace Divisive Hukou System, https://www.reuters.com/article/us-china-parliament-urbanisation/china-eyes-residence-permits-to-replace-divisive-hukou-system-idUSBRE92509020130306, visited on 2019-12-13.

② 参见余俐洁、胡潇予：《2019 年深圳市积分入户申请 24 日启动 10000 个名额等你来申请》，https://www.sznews.com/news/content/2019-06/23/content_22199507.htm，2020 年 4 月 25 日访问。

动、引进外地人才、投资、军队转业干部安置、审批类迁户（配偶、子女随迁）等等。①我初步估计，在2015—2019年这五年，深圳年均新增户籍人口达到20万左右②，是一线城市中最多的。尽管这样，到2020年，根据"七普"的数据，深圳依然有约1,244万人没有本地户籍，约占深圳常住人口的71%。③

按照最初的设计，居住证针对的是具有高学历或者有专业才能、在本地就业或创业但没有本地户籍的国内外人员，让他们可以得到一些基本的公共服务，特别是公共教育（子女可以上学）。也就是说，居住证是发给流动人口中一小部分具有高学历或专业才能的非户籍人口，而不是一般农民工。这个做法，始于大城市。北京早在1999年就实施"工作居住证"，上海也在2001年推出"人才居住证"。2014年，武汉在全市推行居住证制度。在一线城市，居住证的种类繁多，分不同的等级，享受不同的公共服务。例如，在上海，原来的居住证是发给所谓"高层次"人群（居住证分A、B、C类等），④一般农民工拿的是"暂住证"。后来上海取消暂住证，推出了"临时居住证"。一般农民工在上海工作，要领取临时居住证，但是这个基本上只起到登记的作用，享受不了什么上海的福利。

2014年《规划》公布后，国务院又公布《意见》，正式提出要全面实施居住证制度的目标，"公民离开常住户口所在地到其他设区的市级以上城市居住半年以上的，在居住地申领居住证。符合条件的居住证持有人，可以在居住地申请登记常住户口。以居住证为载体，建立健全与居住年限等条件相挂钩的基本公共服务提供机

---

① 参见徐学明编著：《京沪深户口办理完全手册》，法律出版社2011年版，第3—8页。

② 参见深圳统计局、国家统计局深圳调查队编：《深圳统计年鉴—2019》，中国统计出版社2019年版；《深圳去年末常住户籍人口近495万人 比上年增加超40万人》，http://finance.eastmoney.com/a/202004151455678937.html，2020年4月23日访问。

③ 参见《深圳市第七次全国人口普查公报（第六号）——流动人口情况》，http://tjj.sz.gov.cn/ztzl/zt/szsdqcqgrkpc/szrp/content/post_8772123.html，2021年6月18日访问。

④ 参见李萌：《剖析居住证制度：属性、逻辑与效应》，复旦大学2018年博士论文。

制。居住证持有人享有与当地户籍人口同等的劳动就业、基本公共教育、基本医疗卫生服务、计划生育服务、公共文化服务、证照办理服务等权利；以连续居住年限和参加社会保险年限等为条件，逐步享有与当地户籍人口同等的中等职业教育资助、就业扶持、住房保障、养老服务、社会福利、社会救助等权利，同时结合随迁子女在当地连续就学年限等情况，逐步享有随迁子女在当地参加中考和高考的资格"。

居住证原意是要设立一个"非户籍"的类别，使某些人才虽然没法拿到本地户籍，但依然可以享用某些公共服务，并建立一个流动人口全覆盖的登记制度，类似于以前的暂住证。但是，国务院 2014 年《意见》中的提法是希望逐步推广居住证，使它可以覆盖大部分的流动人口（包括农民工），使他们可以享用当地公共服务，并以此作为推动户籍改革的切入点。2014 年之后，国务院与其他一些机构又出台了一些新的措施，明确农民工及其随迁家属在流入地城镇未落户的，依法申领居住证，持居住证享受规定的基本公共服务。在 2015 年底发布的"十三五"规划中，又再次强调这点，并且正式在 2016 年 1 月 1 日施行的《居住证暂行条例》第 2、3 条中规定："公民离开常住户口所在地，到其他城市居住半年以上，符合有合法稳定就业、合法稳定住所、连续就读条件之一的，可以依照本条例的规定申领居住证。居住证是持证人在居住地居住、作为常住人口享受基本公共服务和便利、申请登记常住户口的证明。"有些学者也从实施居住证这个角度去探讨如何深度改革户籍，甚至取消户籍制度。[①]另外，居住证也可以替代备受批评的暂住证，使民众身上的各类身份居住证之类的证件可以得到一定程度的统一。

《居住证暂行条例》规定在全国建立居住证制度，推进城镇基本公共服务和便利向常住人口全覆盖，要求各地积极创造条件，逐步提

---

① 参见迟福林：《让城乡二元户籍制度退出历史舞台》，http://finance.sina.com.cn/wm/2017-04-27/doc-ifyetstt3560698.shtml，2020 年 3 月 18 日访问。

高居住证持有人享有的公共服务水平。该条例还明确了居住证持有人通过积分等方式落户的通道，但同时给予地方政府很高的自由度，去制定当地实施居住证的措施、民众获取居住证的方法及可获得的相关服务和福利待遇等等。

《居住证暂行条例》提出，持有居住证的公民可以享有以下"三权利、六服务、七便利"：

"三权利"：享受劳动就业、参加社会保险以及缴存、提取和使用住房公积金的权利；

"六服务"：义务教育、基本公共就业服务、基本公共卫生服务和计划生育服务、公共文化体育服务、法律援助和其他法律服务，以及国家规定的其他基本公共服务；

"七便利"：按照国家有关规定办理出入境证件，按照国家有关规定换领、补领居民身份证，机动车登记，申领机动车驾驶证，报名参加职业资格考试、申请授予职业资格，办理生育服务登记和其他计划生育证明材料，以及国家规定的其他便利。

在具体实施居住证制度时，各地方政府有较大的裁量权。一般来说，各地会按照外来人口的不同类别赋予不同的权益保障。具体操作的机构，各地有所不同。[①] 例如，上海的居住证由公安部门签发，有些省市则由人力资源和社会保障部门来操作。到了 2018 年，包括北京、上海、广州、深圳在内的多个地区已经开始实施新的居住证制度。

2017 年 11 月 27 日，上海市人民政府公布了修订后的《上海市居住证管理办法》和《上海市居住证申办实施细则》，从 2018 年 1 月起，取消了临时居住证，一般农民工也可以申请上海居住证，只要有

---

① 参见陆杰华、李月：《居住证制度改革新政：演进、挑战与改革路径》，载《国家行政学院学报》2015 年第 5 期。

合法居住六个月以上的证明，但是手续繁复，办证往往需时好几个月。① 另外，自 2018 年 1 月 1 日起，上海市实行新的《上海市居住证积分管理办法》，规定符合一定条件的创业人才和创新创业中介服务人才将可以获得 120 分的加分，这意味着这类人才将可以享受包括子女教育在内的多项公共服务待遇。

经过十多年的实践，上海建立了以户口和居住证为基础的人口登记和管理的等级结构，据此决定及分配公民福利。不过，户籍人口与外来人口存在一定的待遇差别，同时不同居住证持有人所享有的待遇也不尽相同。从本地户籍人口（家庭户、集体户）到（原来的）"蓝印户口"持有人、"人才居住证"持有人、"就业居住证"持有人、"投靠就读居住证"持有人、"临时居住证"持有人，再到未登记的外来人口，类别较多，所享有的福利待遇逐级递减。

在新的措施下，持有上海居住证者虽然在日常生活、工作等方面得到了一些小便利，但享受的基本服务依然是有限制的，特别是在子女上学方面。他们的子女能否在上海上学还要取决于另一个积分制度。②也就是说，即使孩子有学籍，③依然是要根据积分排序安排入学，排序在后的不一定可以安排入学。一般情况下，农民工就算办了居住证，也难以保证能够让自己的孩子上学。

一些城市当初推行居住证，是给予流动人口未拿到户籍之前的"预备户籍"。依据国务院 2014 年的政策设计，是想把居住证变成流动人口的登记制度。由于具有普及性，居住证的"含金量"并不高，在目前各地、城乡的社会福利并不一样的情况下，流动人口仅仅持居

---

① 2018 年 1 月实施新的居住证政策后，申办居住证的需要在小区先作居住登记，半年之后，才可以领取居住证。也是因为这样，一些流动人口的子女错过了 2018 年办理入学的截止日期（一般是在每年的 5 月底）。参见《上海 2018 年居住证新政策的解读和之前政策的区别?》，https：//www.zhihu.com/question/263407737，2019 年 5 月 3 日访问。

② 参见《上海居住证积分制细则和小学入学关系》，http：//www.shzhiyingedu.com/jif-en/news/jf38.html，2020 年 5 月 10 日访问。

③ 2019 年，在上海获取小学学籍的条件是：父母有上海居住证，加上交了六个月的社保。

住证,在流入地很难得到完善的福利。居住证实际上没有解决流动人口与城市户籍人口在社会福利待遇上不同的问题。可以说,居住证制度对户籍制度问题进行了"小修小补",为一些没有户籍的"人才"提供了可以享受部分城市福利的机会,但它并不能成为户籍改革的突破点。与此同时,积分制度进一步把城市的福利分为阶梯式,使在城市的流动人口,基于职业、财富、年龄、文化程度、所做贡献等的不同,而享受不同程度的福利。① 所以,居住证制度并没有统一中国以户籍为基础的差别福利制度。居住证原意是要淡化户籍的属性,但看起来并没有做到。同时,两套登记制度和信息系统并存,又增加了管理上的复杂性,也给"权力寻租"提供了机会。

我认为要建立一元化的社会,户籍制度改革要朝"宜简不宜繁"的方向走,以减少人口等级的差别与繁复的审批手续。在目前的管理制度下,多一种办证审批会给有服务需要的非本地户籍的居民带来多一层的麻烦。

六、小　　结

过去十多年来的户籍改革,中国推行了不少新政策,最近几年也加快了步伐,取得了一定的进展,但总的来说,还是属于"小修小改",仍然没有触碰到城乡二元制中的核心部分。

户籍改革的目标是要减小城乡(或是本地与外地)二元结构的差距,促进城乡均衡发展,长远是建立一个一元的社会。现在大部分流动人口的就业岗位主要集中在大城市,但大城市的户籍没有放宽,流动人口要获得当地户口,或满足"落户条件",还是比较困难的。即

---

① See Yiming Dong and Charlotte Goodburn, Residence Permits and Points Systems: New Forms of Educational and Social Stratification in Urban China, *Journal of Contemporary China*, Vol. 29, No. 125, 2020, pp. 647-666.

使获得了居住证，还是要以学历、缴交社保年限等计算积分入户。只有高学历、高财富的群体能相对容易获得城市户籍，或是满足积分的要求。即使是在深圳这样的开放城市，目前对海外人才的引进，也要求具有高学历、掌握核心技术等等。

中国实行以控制人口迁移为目的的户籍制度是特定时期的产物，那时国家从就业、粮食到住房、消费品的供应都非常短缺，引入户籍制度，有利于国家进行统一安排，使得城镇人口每月可以得到定量的粮食供应。但是，随着市场经济的发展，劳动力迁移流动扩大，消费品大量增加，户籍制度原有的一些功能已经逐步淡化，应该逐步取消。

中国的城镇化可称为"以农民工为基础的城镇化"（rural migrant-based urbanization），也就是前文讲的"不完整城镇化"，这种城镇化存在一定的脆弱性和不稳定性，因为它是建基于以向世界出售廉价劳动力为基础的工业化和城镇化。一方面，大部分农民工的岗位取决于外部对"世界工厂"产品的需求，这个随着国际环境的变化，特别是逆全球化的潮流而受到影响；另一方面，国家内部农民工群体消费不足，缺乏在城市安居的条件，以至于面临着在城市有关社保、养老、住房、下一代教育等问题，造成不少农民工家庭夫与妻、父母与子女处于"分居"的状态。[①]

我主张中国未来的城镇化需要进一步向世界看齐，逐渐推行完整的城镇化，加快农业转移人口市民化的速度，建立以内部消费为主、平等互惠、基本公共服务均等化的城乡社会。同时，要把一些不协调的城镇化特征加以消除，包括庞大的"流动人口""农民工""流动儿童""留守儿童"等。为实现这一目标，必须加速流动人口落户的改革，才能继续减少城镇中非户籍人口的规模，使户籍人口的城镇化率提高，从而逐步以至于最终废除户籍制度，消除所有相关的异常特

---

① 参见马常艳：《徐宪平：建议以"存量带增量"加快农业转移人口市民化》，http://finance.china.com.cn/industry/20210228/5506684.shtml，2021年2月28日访问。

征，走完整的城镇化道路，这也是符合 2014 年《规划》以人为核心的目标。2022 年 7 月，国家发展改革委发布《"十四五"新型城镇化实施方案》，明确放宽除个别超大城市外的落户限制，试行以经常居住地的登记户口制度，反映了国家开放户籍的要求更明确。我认为，方案存在一定的"良好愿望"成分，还需要进一步推出落实的措施。

就中国当前的条件来看，我认为户籍改革的步伐可以走快一点，户籍的口子可以开大一点。在下一章我将提出一个建议，即基于中国的特殊情况，结合近几年户籍改革的经验，也参考他国移民改革的经验与教训，进一步补充中央 2014 年《规划》和《意见》两个文件的思路，提出全面户籍改革的目标、时间表，以及具体的措施。同时，尝试规划更远一点的前景，使各方面的改革措施可以相互配合，而且也可以让所有盼望落户的外来人口都有一个可预期的未来，在渐进的改革中有所突破，更有利于解决经济及社会的深层矛盾，有利于安定团结。

 延伸阅读

> 1. 陆铭：《大国大城：当代中国的统一、发展与平衡》，上海人民出版社 2016 年版。
> 2. 国务院发展研究中心农村经济研究部：《从城乡二元到城乡一体：我国城乡二元体制的突出矛盾与未来走向》，中国发展出版社 2014 年版。
> 3. 《李铁：如何看待进一步放开户籍限制》，https://c.m.163.com/news/a/EEKU5KU400258J1R.html? spss = wap_refluxdl_2018&spssid = 2300f98c827904905d58717de164cf76&spsw = 1&from = time%E2%80%A6，2020 年 1 月 23 日访问。
> 4. 任远：《未来的城镇化道路》，复旦大学出版社 2017 年版。

5. 文贯中：《吾民无地：城市化、土地制度与户籍制度的内在逻辑》，东方出版社2014年版。

6. 周其仁：《城乡中国（修订版）》，中信出版社2017年版。

7. Eli Friedman, *The Urbanization of People: The Politics of Development, Labor Markets, and Schooling in the Chinese City*, Columbia University Press, 2022.

8. Kam Wing Chan (with Fang Cai, Guanghua Wan, and Man Wang), *Urbanization with Chinese Characteristics: The Hukou System and Migration*, Routledge, 2018.

第七章
落户的中国：城镇化与户籍改革路线图

一、导　　言

　　户籍改革是关乎中国发展的重大课题。目前中国仍处于社会主义初级阶段，破解城乡二元结构需要很长的时间，但户籍改革是朝这个方向走的重要一步。中国的耕地有限，仍然有近 4 亿人口依靠农业为生[①]，7.7 亿人拿着"农村户口"。李克强总理在 2020 年 5 月指出，中国仍有 6 亿人属于低收入群组，每月收入只有人民币 1,000 元左右。这 6 亿人主要分布在农村。[②]中国要发展，肯定要进一步走城镇化的道路，减少农村人口，同时要让农民工市民化，这是不可避免的选择。中央提出要推进农民工市民化，但这不是简单地换一下户口的名称，而是要让务工经商的农民工在工作地定居，可以落户，并被纳入城镇公共服务体系，转变为当地的居民。这桩大事当然无法一蹴而就，而是要有一个可行的方案，推动渐进的但又有所突破的全面户籍改革。

　　第六章指出，目前中国城镇中仍有 2.6 亿—3.8 亿没有本地户籍

[①] 据估计，中国从事农业的人口在 2018 年有近 2 亿，其抚养人口约 2 亿。参见向晶、蔡翼飞：《"十四五"时期中国劳动力供需形势分析》，载张车伟主编：《中国人口与劳动问题报告 No. 20》，社会科学文献出版社 2019 年版，第 28—55 页。

[②] 参见吴为：《总理说的 6 亿人月收入仅 1,000 元他们都是谁?》，https：//finance. sina. cn/china/gncj/2020-05-29/detail-iircuyvi5668725. d. html，2020 年 6 月 3 日访问。

的外来人口（即流动人口）；利用"六普"人口数据可以估计，外来人口中还包括1,000多万的大学（含大专）毕业生；近年的估计，流动人口中农村户籍的大学毕业生，已经到达2,800万人。① 过去20多年来，流动人口增长速度较快，总趋势还是上升的。可以想象，如果户籍改革没有加快，沿此下去，15年后，估计外来人口可增至4亿多。这么庞大的群体，是很不利于社会安定的。

反过来说，如果这4亿多的外来人口中有1/3变成有消费能力的社会中层，就可以增加1亿多人的中产消费层，这股新增的消费力不容忽视。由于目前大城市②户籍人口的自然增长率较低，有的年份甚至呈负值③，城镇户籍人口中的中产人口大幅度增加的潜力不高。要推动内需，主要得靠城镇化来推进农民工市民化这一道路，扩大中产的消费人口。

户籍制度要改革，大家早有共识。④如何推行户籍改革？国务院在2014年公布了《国家新型城镇化规划（2014—2020年）》（下称《规划》），提出要到2020年"实现1亿左右农业转移人口和其他常住人口在城镇落户"，并以在城镇有稳定就业的农业户口人口为优先，兼顾高校和职业技术院校毕业生、城镇间异地就业人员和城区城郊农业人口。《规划》设想到2020年城镇的外来人口（占总人口）的比重，也就是"常住人口城镇化率"与"户籍人口城镇化率"这"两率之差"，会减到15%，即从2012年底算起，减少约2.3个百分点。同年

---

① 参见张车伟：《"十四五"时期中国就业形势判断：主要挑战与政策建议》，载张车伟主编：《中国人口与劳动问题报告 No. 20》，社会科学文献出版社2019年版，第1—27页。
② 这里的"大城市"是泛指人口超过100万的城市，包括"特大城市"（超过500万人）。
③ 参见谢玲丽、吕贵主编：《迈向国际化大都市进程中的上海人口发展》，上海人民出版社2008年版，第11页；北京市统计局、国家统计局北京调查总队编：《北京六十年：1949~2009》，中国统计出版社2009年版，表5-4。
④ See Yang Li, Time to Deepen Hukou Reform, https://www.chinadaily.com.cn/opinion/2014-07/04/content_17647587.htm, visited on 2021-12-06; Xi Urged Hukou Reform in 2001 Phd Paper, https://www.chinadaily.com.cn/china/2014-07-31/content_18220187.htm, visited on 2021-12-06.

国务院又公布了《国务院关于进一步推进户籍制度改革的意见》（下称《意见》），提出全面放开建制镇和小城市落户限制，有序放开中等城市落户限制，合理确定大城市落户条件，严格控制特大城市人口规模，并列出具体的差别化落户政策。我在上一章已有分析，2014—2020年这7年间在城镇落户1亿人的目标是达到了，但"两率之差"在2012年底至2020年底略有上升，达到18.5%，还没有达到《规划》的预期目标（见图7.1）。

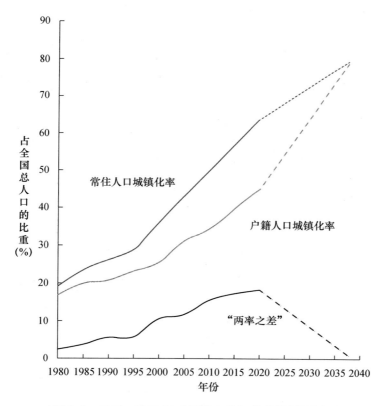

图 7.1　1980—2038 年 "两率之差" 的趋势及预测
注：图中虚线部分为本章提出的户籍改革方案所作的预测。
数据来源：1980—2019 年数据来自表 6.2.1 及国家统计局历年的《中国人口统计年鉴》。

尽管如此，《规划》与《意见》的实施是在户籍改革的进程中迈出的重要第一步，表明了中央的决心与改革的方向。《意见》更明确了原则上公民离开户口常住地，到城市居住半年即可以逐步享受基本公共服务的权利。目前，"两率之差"（即外来人口的比重）仍有18.5%，约2.6亿人的城镇户籍问题要解决。图7.1清楚展示，"两率之差"在过去40多年里一直都在上升，下一步必须扭转这个不理想的局面。

2020年也是农村贫困人口实现脱贫，贫困县全部摘帽的年份。消除了绝对贫困，是向完整城镇化迈进一步的好机遇。2019年底，中央提出要"进一步发挥城镇化促进劳动力和人才社会性流动的作用，全面落实支持农业转移人口市民化的财政政策"，激发社会性流动活力，并以户籍制度和公共服务牵引区域流动。可以看到，扶贫政策与创造社会性的流动、户籍改革也是息息相关的。2020年，中央也提出要全面取消城区常住人口300万以下的城市落户限制，全面放宽城区常住人口300万至500万的大城市落户条件。同时，完善城区常住人口500万以上的超大特大城市积分落户政策，精简积分项目，确保社会保险缴纳年限和居住年限分数占主要比例。①

2017年，迟福林曾经提出，要把2020年作为城乡二元户籍制度退出的年份。② 想用3年时间就把户籍取消，现在看来是过分乐观了，虽有良好的愿望，但脱离了现实，也远远超出了《规划》所提出的目标。《规划》现在已经终结，户籍改革下一步要怎么走、有什么新的规划，是很关键的问题。

习近平主席在2020年元旦的贺词中说："2020年是具有里程碑意义的一年。我们将全面建成小康社会，实现第一个百年奋斗目标。2020年也是脱贫攻坚决战决胜之年。"③ 2020年是终结点，但也是新

---

① 参见中共中央办公厅、国务院办公厅印发的《关于促进劳动力和人才社会性流动体制机制改革的意见》，http://news.china.com.cn/2019-12/25/content_75549546.htm，2020年7月5日访问。

② 参见迟福林：《不妨将2020年作为城乡二元户籍退出节点》，https://www.cs.com.cn/xwzx/201703/t20170303_5194134.html，2020年7月5日访问。

③ 《国家主席习近平发表二〇二〇年新年贺词》，http://www.xinhuanet.com/politics/leaders/2019-12/31/c_1125410025.htm，2020年1月1日访问。

的起点。以中国当前的条件及需要，户改的步伐可以走快一点，户籍的"口子"可以开大一点。2020年初暴发的新冠病毒疫情使部分地区的交通时有封锁，生产、消费活动有时停滞，农民工的岗位受到一定的影响①，暴露了中国城镇化模式的某些不稳定性和脆弱性。在城乡二元体制下的社会保障网并未将大部分农民工吸纳进来，只有少数人可以获得失业补贴②，没有工作的农民工群体生计受到打击，部分人的家庭受到很大的影响。中国发展模式是以农民工流动不落户为基础的工业化、城镇化，在疫情下面临着大的挑战。在内部，大部分农民工面临着缺乏城市社保、家庭分离（留守儿童）等不能融入城市的难题。在外部，农民工的岗位受制于外界对"世界工厂"的需求。未来如果经济逆全球化加剧，会对农民工的生计、对这种城镇化及工业化的模式造成负面的冲击。要抗衡这些冲击，需要渐进地实行户籍制度改革，使得农民工可以在城镇安居，保持完整家庭，而且进一步促进他们的消费，使部分人可以成为中产消费阶层，充分发挥大国内部消费的强大动力，减少经济、就业对出口的依赖，这也是我一直提倡中国要走完整的城镇化道路的要点。可以这样说，在后疫情时代，随着国际经济和地缘政治环境的变化，中国更迫切需要改革户籍制度。

如何改革户籍，我这里提出一个建议，作为学术讨论，希望可以抛砖引玉。以下的建议是基于我以前提出的"户籍改革路线图"的思路，③参考了《规划》与《意见》的实践，提出要扭转"两率之差"上升趋势的措施、目标、时间表，以及一些更具体的做法，尝试规划

---

① See Lei Che, Haifeng Du, and Kam Wing Chan, Unequal Pain: A Sketch of the Impact of the Covid-19 Pandemic on Migrants' Employment in China, *Eurasian Geography and Economics*, Vol. 61, No. 4-5, 2020, pp. 448-463; Ernan Cui, The Truth About Unemployment, Gavekal Dragonomics, June 25, 2020.

② 根据现有的统计数据（2017年），农民工失业保险的覆盖率只有17%。参见中华人民共和国人力资源和社会保障部：《2017年度人力资源和社会保障事业发展统计公报》，http：// www. mohrss. gov. cn/SYrlzyhshbzb/zwgk/szrs/tjgb/201805/W020220325394406391270. pdf，2020年6月23日访问。

③ 参见〔美〕陈金永：《探讨户籍改革之路》，载蔡昉主编：《中国人口与劳动问题报告 No. 14》，社会科学文献出版社2013年版，第111—125页。

更远一点的前景，使各方面的改革可以相互配合，而且也可以让所有的外来人口都有一个预期与希望，甚至可以计划未来，从而有利于发展经济、促进社会的安定团结。这是一个渐进又有突破的改革草图。

二、户籍改革的成本与红利

对于如何进一步改革户籍制度，有人认为农民工市民化的成本巨大，社会（政府）难以负担。其实，这个看法存在不少误解与盲点。在这个问题上，我们可以参考美国近几年移民改革辩论中的一些思路和方法，来估算移民的成本及其带来的红利。简单来说，移民的成本一般是指公共（服务）的财政支出，狭义的红利是指外来人口会通过不同的渠道（缴税、缴费等）提供公共财政收入。一个健康的公共服务（也就是公共财政）系统的支出，是通过使用者纳税等来支付的；长远来看，总支出与总收入应相互抵消，公共财政的"成本"其实是零。一般的情况是使用者在年轻的时候工作纳税交款，需要的时候（尤其是年老时）享受社会福利。

可以看到，大部分外来人口都比较年轻，他们需要的城市福利，近期内不会很多，主要是一部分人需要保障房（特别是已成家的）；中期是子女公共教育的福利；支出的最大项是社保（养老、医疗），主要是远期（大多是在 20 年以后）。外来人口初期主要还是处于缴税的阶段，而不是享受的阶段。也就是说，如果只是考虑在户改方案的 15 年内，市民化的财政支出并不多，外来人口落户对公共财政主要是净贡献，即从他们身上得到的收入会高于支出。① 在当前城镇户籍人

---

① 上述财政净收入计算的逻辑，基本上跟美国国会预算办公室（CBO）对无证移民合法化所带来的财政收支所用的相似，即是让外来人口落户，起码在头 20 年他们对公共财政的贡献是正，而不是负的（See CBO, Immigration Bill Would Profit U. S., *The Seattle Times*, June 16, 2013, A7）。本书附录二有进一步解释。

口（尤其是在特大城市）老年化以及在"现收现付"的养老、医疗财政制度下，年轻外来人口的福利贡献，更可以填补由户籍人口老年化所造成的城市公共财政缺口。再者，户改初期主要是接收学历、收入较高的群体，他们对城市公共财政的贡献会更多。也就是说，近期的公共服务的负担并不重。正如上述所言，长远来看，公共服务是通过纳税来支付，支出与收入相互抵消，"净成本"应该不高。

几年前，中国做了几个较全面的成本与红利的估算，其结果大致相同，即一个典型的农民工（包括相应的抚养人口）落户在城市后一生所需的公共支出约 10 万元上下①（采用 2010 年不变价），其内容包括主要的公共福利：义务教育、合作医疗、养老保险、其他社会保障（如低保），再加上城市管理费用及保障性住房的费用。有些媒体利用上述数字，说要把近 2.6 亿外来人口的户口都转换成城镇居民户口，总成本是 26 万亿元（= 10 万元 × 2.6 亿），是当年国内生产总值的三四成左右，这是一个天文数字，中国当然无法负担。其实，这是一个错误的算法。10 万元的福利不是外来人口在一年内花光，而是在外来人口落户之后剩下的生命年数（大约 40 年）内所花的。10 万元用 40 年来分摊，即每年是 2,500 元②。如果平均每年转换 2,700 万人，总成本也就是 675 亿元（2010 年不变价），约占当年 GDP 的 0.14%。这个比率会按年递增，到了第 15 年，成本会达到 2%，但这应该是中国的国力可以负担的。

---

① 参见王梅：《农民工市民化平均成本约 10 万元》，http://news.sina.com.cn/c/2013-03-15/015026535199.shtml，2020 年 3 月 15 日访问。类似的估算可参考建设部调研组：《农民工进城对城市建设提出的新要求》，载国务院研究室课题组：《中国农民工调研报告》，中国言实出版社 2006 年版，第 324 页；张国胜：《基于社会成本考虑的农民工市民化：一个转轨中发展大国的视角与政策选择》，载《中国软科学》2009 年第 4 期；国务院发展研究中心课题组：《农民工市民化》，中国发展出版社 2011 年版，第 42—43 页。

② 这个数字与屈小博、程杰用城市财政数据所得到的城市公共服务每年人均成本（2211 元）接近。参见屈小博、程杰：《户籍改革成本的估算》，农民工市民化与更高质量的城镇化论坛，北京，2013 年 8 月 16 日。详细分析可参考〔美〕陈金永：《探讨户籍改革之路》，载蔡昉主编：《中国人口与劳动问题报告 No.14》，社会科学文献出版社 2013 年版，第 111—125 页。

农民工市民化有一定的成本，但也会带来巨大的（经济）红利，这个不易完全量化，不过农民进城后工作平均每人每年为城市创造的总产值，肯定是每年（公共服务）成本的几倍甚至是几十倍，远远超出市民化的成本及他们的工资。简单来说，外来人口有了本地的户籍，可以全面参与城镇公共事务管理，也可以像其他城里人一样选择工作，发挥各自所长，一旦生活有保障，没有太多的后顾之忧，就会大大提高生产率。这样的城镇化能扩大内需，发挥"城镇化—经济增长"的良性循环。中国社会科学院人口与劳动经济研究所曾做过一项计量研究，认为户籍改革会使劳动力更自由地流动，使劳动力市场规模扩大，劳动的专业化提高，令城市经济的全要素生产率大幅度提高。研究估计，如果每年给 1,700 万人落户，带来的经济净收益非常可观，在近期每年的净收益约为 GDP 的 1.6%—2%，这是同期市民化支出的几倍、十几倍。①

这还没算其他间接不易量化的效益，如农民工落户后，有了稳定的定居预期，就可以转让承包土地的经营权，逐步放弃大多闲置的宅基地、耕地，从而大大提高农村土地的生产和生活利用率，这对于土地稀缺的中国来说尤其重要。这也是为什么健康的城镇化、市民化会创造纯利，促进经济和社会发展的逻辑。这有异于一些拉美国家中农民进城后找不到工作的"城市化"乃至"城市病"。人类大规模走城镇化的道路已有 200 多年的历史，里面当然有教训，但总的来说，城镇化，即农村人口的转化，会带来更高的生产力、更好的生活与未来。

但是，正如前面的章节所指出的，中国数十年来走的一种不完整的城镇化道路，主要着眼于短期高速发展工业，强调市民化的成本，忽视了农民的利益。目前户改中一个大的阻力是来自地方政府。地方政府强调要发展企业（因为企业税是地方财政的一项主要来源），同

---

① 参见都阳、蔡昉、屈小博、程杰：《延续中国奇迹：从户籍制度改革中收获红利》，载《经济研究》2014 年第 8 期。

时追求高 GDP 增长的政绩，把外来人口的福利简单地看成是成本。目前的户籍制度（乃至城乡二元制度）使得农村剩余劳动力成为大量的廉价劳工，使企业的生产可以不断扩大，从而进军世界市场；地方政府不断创造高的 GDP，但是也欠下了社会福利的"债"。当然，部分媒体对市民化成本计算的误解，也会使人感到户籍改革不易推行。

三、户籍改革的方案与时间表

中国要建立和完善社会主义市场经济体制，同时保护社会公平，人口的自由迁移和按每个人的志愿安居落户是一个重要方面。作为劳动大军的重要组成部分，外来工不能永远漂流不定。改革开放后，中国从原来计划经济的束缚中跳出来，强调人口可以"流动"，但外来人口不能长期流动，流动之后要有可能定居下来。要让农民工可以真正落户，一定要同时实行支持家庭的户籍转移政策及相关的社会政策，让他们的配偶及子女也可以同时落户。[①] 参考美国的移民政策，也可以看到要在迁移中保护家庭完整的重要性（见附录三）。

我的户籍改革建议的目标是，户籍改革用 15 年完成。由 2023 年开始，紧连《规划》，到 2038 年完成，全面解决所有外来人口户籍的问题；2039 年户籍全面开放，人们可以在国内自由迁移及落户。根据 2018 年"中央一号文件"《中共中央 国务院关于实施乡村振兴战略的意见》，2035 年是农村振兴取得决定性进展、农业农村现代化基本实现的年份。这个为全面取消户籍制度创造了非常良好的条件。当然，具体的"开始年"可以根据实际的情况决定。最重要的是，21 世纪 20 年代初期，应是大力深化户籍制度改革的关键时刻。

我提议：户籍开放分两步走，首先主要向外来大学毕业生、有专

---

① 参见任远：《大迁移时代的儿童留守和支持家庭的社会政策》，载《南京社会科学》2015 年第 8 期。

业技术的人员、企业单位负责人等三类人员开放当地户籍登记；然后，再逐步有序地向其他人员（主要是一般农民工）开放，最终使外来人口都可以在城镇落户。这个做法跟目前的政策思路相似，但是加快了步伐。不同的是，我提议大中小城镇都渐进开放户籍。尤其是大城市，更要担负较大的角色。下面阐述具体的构思与措施。

1. 入户对象、先后次序及具体措施

粗略推算，到了2038年，外来人口可以达到大约4亿左右。用15年的时间来安排4亿人的户籍，平均每年要安排大约2,700万人，也就是把外来人口的比重，从2020年的18.5%，到了2038年，完全降到零，即每年要下降1.23个百分点。这个速度大约是2014年《规划》所提出的3倍。

我认为，入户的次序，应该选择先易后难。在改革的第一阶段（2023—2028），先解决容易的，即大学（含大专）毕业生、技术员（含熟练技工）及企业单位负责人（及其共同生活的配偶、子女等）的户籍，目标是解决1亿外来人口的户籍，以上述人员为主。向大学毕业生等开放户籍，有些大城市已经开始做了，可以尽快扩大落实。同时，在这一阶段，要继续设计下一阶段的工作。在第二阶段（2029—2038），要集中精力解决其他群体的户籍。这样的次序，比较符合中国财政的情况及社会期望。

大学毕业生是人才资源，应加以重用。尤其是要发展高产值的地方经济，需要有大量的大学毕业生。在中国，总计约有3,000万外地大学毕业生，由于户籍问题，部分人在大城市中成为"蚁族"，难以成家立室，安居乐业。① 这挫伤了他们的积极性，使他们未能发挥应有的作用，也难以真正加入到有消费能力的中产队伍。我认为，吸纳年轻的大学毕业生落户应是"双赢"的。因为大学毕业生是社会福利

---

① 参见马龙生：《莫让持集体户口者再当"二等市民"》，载《新京报》2010年5月13日。

的重要贡献者,将户籍这扇门向大学毕业生打开,能得到的社会经济利益显而易见,所以应该尽快推行这种学历型人才落户的措施。目前一线城市对外地大学生开放的户改措施(如北京的积分制度)稍有松动,但门槛仍是太高,每年吸纳的数目非常有限,相对于特大城市中数十万的外地大学毕业生,还是杯水车薪。近年来,一些二三线城市认识到吸引大学生,让他们落户的重要性,因而开放的步伐较快。①

入户改革的关键是逐步把门槛降低,使外来人口中相当一部分人可以尽快落户。上述用于大学毕业生落户的逻辑和理由,基本上也可以应用到让有技术的外来农民工落户的政策上。中国的产业要升级,走向高端层次,迫切需要大量受过更好教育的熟练人员、有能力操作高技术设备的技师。企业也需要技术熟练的劳动者,也想要留住他们。这部分工人一般可以拿到较高的工资,也有能力通过纳税、缴费等方法来"支付"城市社会福利的费用。给有技术的农民工"上户口"同时会促使大量的农民工向技术工人的方向转化,有力地调动未入户农民工的积极性,包括投资在自身的人力资本上,争取入户。从更长远来看,这会大大提高工人的总体技术水平,增强国力。另外,非大学毕业生的企业单位负责人,包括高级行政人员,也是重要的人力资源,应该给予相同的待遇。

具体的措施是:首先,中央政府要订出上述三类人员(大学毕业生、技术员及企业单位负责人)的明确范围,以便于各地按规定实施。然后,每个城市,根据普查的人口数据,再加上一些调查与估算,制订出五年内要解决外来人口户籍的计划,按步逐年推行。操作的办法,可以采用目前在有些城市已用的积分落户方法。这一方法较为灵活,可每年按需求调整入户的条件。比如开始的时候,可以先照顾在当地生活多年的人员,解决现有的待落户人口(即存量人口),然后再解决每年的增量。从 2029 年开始,户籍基本上向上述三类人

---

① 参见任泽平:《城市"抢人大战":21 世纪什么最贵?人才!》,https://www.yicai.com/news/100919451.html,2019 年 1 月 19 日访问。

员完全放开。可以看到，上述三类人员，主要集中在三四百万人以上的大城市，特别是五百万人口以上的特大城市，所以，解决户籍的问题，这些特大城市要发挥更大的作用①；从比例上说，这些特大城市要吸收更多的人员，而不是把户籍的大门关得更紧。作为一个突破的近期策略，是考虑优先开放二线特大城市。这个基本上与国家发展改革委在 2020 年 4 月发布的《2020 年新型城镇化建设和城乡融合发展重点任务》的精神一致。

从 2029 年开始，要解决剩下约 3 亿其他人员（主要是一般农民工及其家属）的户籍问题。到那时，随着总体教育水平的进一步提高、农民工的自我努力，以及年轻人口的数量减少，教育水平低的非熟练工人会大为减少，加上中国的国力会更加富强，可以为社会公平的实现投入更多的财力，从而为解决一般农民工的户籍问题提供有利条件，也可以为低收入的农民工提供一些福利。

为解决一般农民工户籍的积分问题，可以考虑以有一年稳定就业为基础。开始的时候，由于人数众多，要逐步解决，可以加入其他条件（如在当地居留的时间、学历、经验等）；后期可以逐步放松，比如有合法就业，在当地住上 6 个月就可以落户。当然，2038 年之后，户籍全面开放，基本上有合法就业，在当地住上 3 个月就可以落户。具体的操作方法，还要在未来两三年进一步设计、探讨和细化。

2. 放开大中小城市落户的限制

目前《意见》提出的落户政策在具体实施上是"放小控大"，即开放中小城镇落户限制，有序放开中等城市落户限制，严格控制大、特大城市的落户条件。有不少论者长期错误地认为这"放小控大"的城镇化道路，可以避免"大城市病"。我认为，这个政策脱离了人口流动的实际情况，基本上还是停留在改革开放前控制大城市发展的思

---

① 参见陆铭：《大国大城：当代中国的统一、发展与平衡》，上海人民出版社 2016 年版，第 268—294 页。

路，没有突破。现实情形是：改革开放以来，国家的投入主要向大城市倾斜，大城市相对发展快，大部分的外来人口并没有按照政策往小城镇走，而是按照就业岗位往大城市去。近年来很多中小城市的户籍政策其实已经相对较为宽松，但其吸引力并不大，根本原因是中小城市的就业吸纳能力不足。

中国城市的人口统计有多个口径与范围，许多人都搞不清，造成不少错误。根据我多年的研究，在目前的情况下，国家统计局在每个城市行政区所定的"城镇人口"，大致上可用来代表功能上的城市人口。①这个做法也在2014年得到国务院正式的肯定。在本书第四章第四部分，我利用了"五普""六普"的数据，配合上述城镇人口的口径，展示了不同城市组的城镇人口增长率的趋势，可以看到，在2000—2010年城镇人口的增长率，与城市的大小成正比，一线城市增长最快，印证了上述论点。

我认为户籍改革的一个关键是要打开特大城市的户籍之门，因为向特大城市集中，仍然是未来二三十年经济发展的重要动力。特大城市发展较快，除了体制政策倾斜的原因，在中国目前的发展阶段也有它本身的经济规律。特大城市的集聚经济效益大，节省了交易成本，国内外经济学界对此有基本上一致的认识。②也有好几位研究中国城市经济的学者认为，中国的特大城市不是太多，而是太少。③中国要大力发展服务业，特大城市的集聚效益尤其突出。特大城市也是科技发展的中心、金融业的中心，能创造大量的财富，这也是为什么（合理的）城镇化、城市发展能够创造财富的原因。向特大城市集中，是过去四十多年经济发展的一个重要动力。可以预见，未来二三十年中国

---

① See Kam Wing Chan, Misconceptions and Complexities in the Study of China's Cities: Definitions, Statistics, and Implications, *Eurasian Geography and Economics*, Vol. 48, No. 4, 2007, pp. 383-412.

② 参见王小鲁：《发展大城市势在必行》，载《中国改革》2010年第10期；陆铭：《大国大城：当代中国的统一、发展与平衡》，上海人民出版社2016年版，第201—238页。

③ See J. Vernon Henderson, Urbanization in China: Policy Issues and Options, China Economic Research and Advisory Programme, Unpublished Paper, 2009.

的城市发展仍然要走这条道路，比如，要进一步发展第三产业，肯定会集中更多的人口在特大城市。中国可用的土地非常有限，城镇化要走高密度的方式，发展人口"紧凑"模式的城市，这也会更符合低碳发展的要求。还有，要为大量落户的外来人口提供公共服务，需要降低单位成本，需要有一定的规模经济，小城市较难实现这些目标。

同时，实现集聚效应的主体应该是市场，即企业和城乡居民，而不是政府。因为官员很难掌握详尽的信息，他们可能不太清楚哪些企业具有规模效益，企业在什么类型的城市投资更好；他们更不了解农民工该进大的城市还是小的城市才能找到工作，才能安居乐业，因为每个人的具体条件不同。这些都应该让企业与农民工自己选择，让市场去决定，而不是由政府一刀切地去控制特大城市的人口规模，鼓励农民工落户小城镇。

目前，中国北上广等城市交通拥挤、住房紧张的问题，主要原因不是人口多，而是城市规划不合理、地理空间结构不合理、公共设施价格不合理等其他原因造成的。也有人认为，目前特大城市的人口承载力已经承受不了，不可能再开放户籍。事实上，城市的承载力不是简单的自然资源（如水）静态的承载力，更重要的是社会设施的承载力（即财政资源的问题：谁来提供、谁能使用、谁来买单的问题）。试想想，北京的平原面积是东京的三倍，人口只有东京的2/3，GDP是东京的1/10，但"城市病"远远超过东京，[1]这说明自然资源不是最重要的。事实上，要推行城镇化，从效率的角度来讲高密度的特大城市更能够节省自然资源。但是，过去三四十年的城市规划、公共服务的供应，并没有考虑到外来人口工作、生活的需要（如住房、交通、子女上学等），只是把他们当成短期的临时工。事实上，他们不光是临时工，同时也是有一定生活需求的人。而当他们的人口比例已

---

[1] 东京是指东京大都会区。参见赵弘：《号脉北京城市病》，载《中国改革》2014年第5期。有关世界各大城市的人口分析，可参考 Richard L. Forstall, Richard P. Greene, and James B. Pick, Which Are the Largest? Why Lists of Major Urban Areas Vary So Greatly, *Tijdschrift voor Economische en Sociale Geografie*, Vol. 100, No. 3, 2009, pp. 277-297。

是城市人口的 1/3（如北京、上海、广州）或更多（如深圳）的时候，不去满足他们的生活需求，会变成"欠账"，加剧城市拥挤、堵塞。所以，我认为，问题不是因为没有土地或水，而是目前社会服务的供给"欠账"太多。

我建议户籍改革要在所有的城镇推行，不论大、中、小城市，包括北京、上海、广州、深圳等特大城市，因为特大城市是大多数外来人口（包括大量的外地大学毕业生）聚集、可以找到工作的地方，而且特大城市要在户籍改革方面做出更大的贡献。特大城市多吸纳一些农民工，就可以多减少一些农村人口的压力；大城市多吸纳一些流动儿童，就可以减少全国的留守儿童人口，处理得好，是一个"双赢"的做法。但考虑到目前一线城市"欠账"的压力巨大，短期不能大幅度提高人口的容量，作为过渡的措施，可以优先开放除北上广深之外的其他特大城市作为突破口，而不只是开放中小城市。这些特大城市包括武汉、重庆、成都、西安、大连、郑州等地，这些城市具有一定的集聚经济效益，同时也有能力吸引大量近期落户的重点对象，人口可以进一步增加。中国的城镇人口庞大，完全可以容纳更多的超大城市，这个问题第四章已经仔细分析过。

四、其他的配套改革措施

户籍改革是一项非常复杂的大工程，需要其他方面的配合，下面简述几个主要的方面：

1. 中央政府的角色

户籍改革是一项关乎全局发展战略的重大措施，需要有中央坚强的领导和全盘统筹。中国经济的进一步发展，有赖于建立一个强大的国内人力市场、产品消费市场。建立一个统一畅通的国内市场，这个任务中央政府责无旁贷。其中，户籍改革是关键一环。我认为，中央政府一方面要继续作全局的顶层设计，另一方面要大力带头推动与统筹户籍改革，做好综合配套，积极监督，及时制定法规。户籍改革要打破地域的界限，使跨省跨市县的劳动力可以落户。目前外来人口在城市落户的问题，有一大部分是广义的生活保障问题（如公房、儿童教育、城镇社保、农村土地等），还有带有全局性的问题，如财力的分担，尤其是中央与地方的职责、财税的安排，都亟须在中央的层次去统筹。中国要进一步走市场经济的道路，需要人口可以流动，而且可以落户，很多方面都要配套，财政要与职责相称。户籍改革将不可避免地涉及跨地方、各行政区域的事权与财权、人口管理等复杂的问题，中央应该成立一个有权有责的户籍改革领导机构（可考虑设立类似国家发改委的跨部门的委员会），长期来专职统筹、推行户籍改革事务。各大专院校也可以成立专门研究户籍改革的机构，聚贤招才，集思广益，为这个大工程出谋献计。

2. 地方税收结构的调整

由于目前社会服务的支出主要是地方负担，农民工市民化可以成为地方政府一个大的负担，变成户籍改革一个大的阻力。中国地方财政系统需要进一步完善，以与人口增长匹配，并适应市场经济的发展及具有可持续性。要配合人口落户，地方的公共服务支出必然要增加，这需要有相匹配的财源。正如前述，有一部分是广义的生活保障服务的资助（如义务教育、养老保障），为保证流动人口可以享受，应逐步在中央、省的层次来统筹，由中央、省的转移支付来解决。另外，地方政府要开拓以个人（家庭）为主的税源（主要为收入税、消费税、房产税），使落户者能直接为地方的财政收入做贡献。在未来的二三十年，大部分的外来人口会是城镇新增的劳动者、消费者、买房者，可以是收入税、消费税、房产税的新税源。使地方税收与人口（消费与财产）的变化相匹配，使社会服务的收和支相互挂钩，可以持续，这是地方财政改革的关键。目前有几个特大城市已试行征收房地产税，这是重要的一步，还要不断扩大。

3. 农地流转制度的改革

进一步城镇化，对城镇土地的需求肯定会增加，主要通过在坚守耕地保护"红线"基础上将农地转作非农用途予以实现。农民进城后，原有的农村土地也要流转，才可以使土地利用的效率提高。但怎样流转，特别是如何进入市场、怎么分配土地的收益，以及保护农民的利益，目前仍是一个异常复杂的问题。现行农村土地产权安排存有一定的缺陷，主要体现为集体所有权模糊，可能会被滥用，因而为近年土地增值收益的争夺留下了空间。

近年来，中央已明确要逐步建立城乡统一的建设用地市场，要允许集体建设用地进入市场。[①] 其中，大方向是要改革目前不合理的征地制度，让农村集体建设用地可以自由入市，使城乡土地同权同价，保护农民的利益。如何在农民离开土地之后有合理的补偿与保障，是农村土地流转的关键问题，必须进一步研究。

4. 建立城乡一元化的社会福利制度

城乡之间的差别，部分是城乡发展不平衡造成的，在推动城镇化的同时，需要花大气力发展农业，提高农村的福利待遇；也有部分是户籍制度产生出来的。要消除户籍制度所带来的不平等，需要重新建立一个一元的社会与福利制度，使每个公民都有公平享受社会福利（包括农民工子女接受公共教育的权利）的机会，这也是在2039年全面放开户籍的必要基础。

2014年的《规划》及《意见》提出了要加快在全国范围内建立统一的城乡居民基本养老保险制度、统一的医疗救助制度，保障随迁子女平等入学的权利（《规划》还提出要提高农民工随迁子女接受义务教育的比例不少于99%的目标）。同时明确指出，要在全国实行城

[①] 参见《国务院办公厅关于引导农村产权流转交易市场健康发展的意见》（国办发〔2014〕71号）。

乡统一的户口登记制。这都是迈向一元化的重要步骤。

目前大城市公共福利高，户籍含金量高，其中有部分是体制方面的因素造成的。特大城市拥有一流的教育、医疗等资源，高考入学率也相对较高，人们希望在特大城市落户是可以想象的。但如果城乡基本公共服务相对均等化，这个情况就会有所改变。如果中小城市甚至乡镇的福利、教育、医疗服务也不错，有些人会愿意到中小城市、乡镇去（或留在那里），退休的人员会愿意到那里去养老，因为那里的房价低，空气也可能较好，不一定都要挤在大城里。当城乡社会福利基本是一元化之后，人们因为务工经商或者投靠子女，到了全国任何一个地方，只要住上三个月（或半年），愿意留下来，就可以入户，在当地可以获得基本的社会服务与福利，人们就可以通过迁移来调整居住地，寻找合适自己的地方，配合家庭生活周期的变化，或是城乡、地区之间就业的变化，也可以选择不往城镇迁移，留在乡村（中国也需要保持适度的农业人口）。这样才能建造资源配置合理、高度效率的经济，同时又是相对平等、身心舒畅的社会。

五、小　　结

本章提出一个户籍改革路线图的建议，重点是勾画出户籍改革的主要目标、原则与步骤。至于具体措施，还可以进一步讨论，希望能抛砖引玉，引起重视。当然，这里还有许多技术性的细节需要具体化。这个渐进的提议，希望可以扭转常住人口城镇化率与户籍人口城镇化率这"两率之差"上升的趋势，使城镇常住人口与户籍人口两者的规模逐步拉近，这个差距已经在2014年《规划》中受到重视。本章提出用大约15年的时间使"两率"的发展方向趋同，最终回到同一点上（如图7.1所示）。从2023年至2038年，我们每一年还可以通过检视"两率之差"是否缩小来判断户籍改革的进度。

从2014年开始，中央下决心要改革户籍制度，确实有些进展，

"两率之差"在 2015 年有明显的下降，但之后就变动不大。我认为户籍改革要加速迈步向前，扭转一直上升趋势，使实质性的户籍改革有期可望，在疫情之后，这个改革显得更加迫切。农民工流动不落户为主的中国城镇化，内部面临着家庭分离（留守儿童等），农民工较难融入城市的问题，外部则受制于世界对"中国制造"的需求。一旦全球对中国产品的需求下降，农民工的工作机会将会减少，加上社会保障的覆盖不足，农民工的就业、生活会受到重大影响，中国的城镇化也会受到冲击。中国要大力改革户籍制度，建立一个以内部消费为主的城镇化、工业化模式，把改革开放以来创造的"流动的中国"，变成一个先是流动，但逐渐可以入户的"落户的中国"，最终实现 2013 年时任国务院总理温家宝在全国人大做政府工作报告时所提出的"人们自由迁徙、安居乐业"的制度环境。①

　　本章提出的一个有先后次序、渐进的户籍改革建议是可行的。户籍改革的下一步，是在 2023—2028 年五年内解决大学毕业生等三类人员的户籍问题，先集中在二线的特大城市，然后逐步开放一线城市；2028 年之后，再转向逐步解决其他群体的户籍，到了 2038 年底，完全取消户籍制度，这个也是配合中央要在 2035 年基本实现农业农村现代化。完全破解城乡二元结构可能需要更长的时间，但户籍改革成功会是在这条道路上迈出的重要一步，它会为中国创造一个"双赢"的局面：对外来人口、对中国都有利。户籍改革可以使外来人口成为中国经济未来的"新巨人"、下一轮经济发展的引擎。渐进性废除户籍，不但会为经济产生新的消费群，添加新的红利，延续改革开放所得到的成果，也是建立一个公平社会、现代化国家以及实现"中国梦"的必经之路。

---

　　① 参见万淑艳：《温家宝：为自由迁徙、安居乐业创造公平制度环境》，https：//www.chinanews.com/gn/2013/03-05/4615650.shtml，2021 年 3 月 5 日访问。

延伸阅读

1. 〔美〕爱德华·格莱泽:《城市的胜利》,刘润泉译,上海社会科学院出版社2012年版。

2. 〔美〕陈金永:《渐进的、破冰的全面户籍改革》,保尔森基金会政策备忘录,2014年。

3. 〔美〕陈金永:《中国要走正常城镇化道路》,http://m.china.caixin.com/m/2010-12-08/100205422.html,2021年12月30日访问。

4. 国务院发展研究中心农村经济研究部:《从城乡二元到城乡一体:我国城乡二元体制的突出矛盾与未来走向》,中国发展出版社2014年版。

5. 国务院发展研究中心课题组:《中国新型城镇化:道路、模式和政策》,中国发展出版社2014年版。

6. 李铁:《户籍改革的重点在于增加公共服务供给》,https://tech.sina.com.cn/roll/2020-01-03/doc-iihnzhha0136840.shtml,2020年1月3日访问。

7. 任远:《未来城镇化道路》,复旦大学出版社2017年版。

附　　录

这里收录了三篇过去几年我在报刊上发表的文章。这三篇文章涉及的内容都是和本书所论及的主题有关，虽然都是多年前发表的，但文中的一些观点与逻辑还是可以作为延伸参考。文章结合我在美国生活的认识，都是关于迁移、家庭团聚、移民政策的问题，并对中国的情况作了一些评述。

首篇是从罗伦斯（Jacob Lawrence）的一组美国内部"大迁徙"（Great Migration）的油画，解述20世纪上半叶美国非裔从南到北的大迁移，及由此引发的一些思考。另外两篇是关于美国的绿卡移民政策，涉及美国的"无证移民"和国际移民制度，分析了美国在特朗普上台之前十多年间处理移民的政策及立场。当然，美国的国际移民与中国的国内人口流动本质上是不同的。但是，不论是国内人口流动还是国际移民，它们都是人口在地理空间上的移动，有一定的相同特征及规律（如移民的过程与对家庭的影响）；同时，美国的绿卡移民与中国的户籍迁移，同样受到行政措施的调控。由于两国的社会制度不同，美国国内、国际移民的经验都不可以照搬，但这并不排除可以从中得到一些启发，以便进一步探讨符合中国国情的城镇化政策、户籍制度改革等。

这些在报刊上发表的文章，多了一些个人的意见与感受，有异于学术论文，希望也有多点趣味，可以让读者从侧面去认识本书"从流动到落户"、在迁移中要保护完整家庭这些大主题。

附录一　持单程票的迁徙者：看罗伦斯的"迁移系列"组画[①]

罗伦斯（1917—2000）的作品最初引起我的注意，是他描绘美国黑人在20世纪初南北迁移过程中挤火车的油画。画中人头攒动，大家都争着上车。他的画色彩鲜明，对比强烈，图像生动，巧妙地运用几何图形，极具感染力。我在给美国学生讲中国城市化的课时，曾借用他的图画来解释中国春运的情景。

2017年，西雅图艺术博物馆（SAM）展出了罗伦斯的"迁移系列"[②]的60幅画，以纪念这位画家诞生一百周年。这是罗伦斯于1940—1941年23岁时，花了一年的时间一鼓作气完成的组画。作品曾在1941年公开展出。画家为这60幅组画编了号，顺序构成一个连贯的叙述，他还为每一幅画写了一个长长的标题，使得整个系列变成一个有起点、有结局、图文并茂的画集。但是，罗伦斯这60幅画分别收藏在美国两大现代艺术馆，每馆各藏一半。在纽约的现代艺术博物馆（MoMA）收藏双号的画，在华盛顿的菲利普斯收藏馆（Phillips Collection）收藏单号的，观众要想连贯地同一时间欣赏整套组画几乎不可能。西雅图艺术博物馆举办这个展览，把全套60幅都借了出来，放在一起，恢复了作品原来的故事连贯性，让观众可以一气呵成地欣赏，更充分地领会画家的思路。这真是一个非常难得的机会。

这60幅画讲述了黑人1910—1930年从南向北、从乡村到城市

[①] 原文于2017年4月13日发表于财新网，http://m.opinion.caixin.com/m/2017-04-13/101078036.html。收录本书时略作修改。

[②] 想了解罗伦斯的"迁移系列"，可访问以下网址：http://www.moma.org/interactives/exhibitions/2015/onewayticket/。

大迁移的故事。美国在南北战争之后废除了奴隶制。黑奴解放后，尽管生活情况有所改变，但南方农村的生活依然困苦，干农活的收入非常低。不仅如此，司法制度偏袒白人，种族歧视极其严重，黑人动辄遭受刑罚。那时北方正处于快速工业化进程中，新兴的工业城市，如芝加哥、圣路易斯、波士顿，急需大量的廉价劳动力，对待黑人劳工会好一些。于是南方的黑人大规模背井离乡、举家长途跋涉向北方迁移。从 1910 年到 1930 年，大约有 160 万人加入这个浩浩荡荡、由南向北、由乡到城的迁移大军。这在美国发展史上被称为"大迁徙"（Great Migration）的前半部分（后半部分发生在 1940—1970 年）。

大迁徙极大地促进了美国工业化的进程，成为美国发展史上非常重要的一页。虽然到了北方生活也不容易，尤其是城市的住房条件很差，卫生环境恶劣，歧视依然存在，但是黑人在美国北部的城市不断聚居，逐渐形成大大小小颇具规模的城市社区。这些社区在美国的公共生活中为非裔群体建立了一个新的平台。依托这一平台，非裔群体积极面对政治、经济和社会各方面的挑战，创造出新的美国黑人文化。但与此同时，大迁徙使南方农业区劳动力资源大量流失，深刻地影响了南方的经济和社会。因此，大迁徙对整个美国 20 世纪的发展带来了巨大而深远的影响。罗伦斯的组画，全面记录并描绘了这段重要的美国故事，堪称一部宏大的史诗。他不但是个画家，还是个会讲故事的历史解说员。

罗伦斯出生在新泽西州，13 岁随父母搬家去了纽约的哈林区，在那里长大；1970 年应邀到华盛顿大学任教，随后在西雅图定居。他的父母出生在南方，家庭成员与许多亲戚朋友都是从南部搬家过来的，所以罗伦斯非常熟悉大迁徙。为了完成这一组画，他还特别访谈了很多亲戚朋友，进一步了解他们迁移的经历。

他的画用的颜料都是自己调出来的，作画的工序也异于一般。为了保持每幅画的颜色一致,他有系统地先把一种颜色涂在所有的画上,再涂第二种颜色。也就是说,他不是完成一幅画后,再画下一幅,而是完成一种颜色后,再完成下一种颜色,逐个颜色涂上去。完成这 60 幅画,就像在工厂分件装配产品一样。

对于像我这样长期研究农民工、流动迁移的人来说,看了罗伦斯所描绘的景象——拥挤的火车、破落的农村、失学的儿童、严重的歧视、艰难的城市生活、超低的工资、漫长的工时等等,不难会与中国农民工的一些现实状况进行对比。非裔迁移者与流动的农民工,他们确实有一些相似的命运遭遇。在罗伦斯具有标志性的"火车画"(画 1 号、23 号)中,来自南方的黑人挤入开往芝加哥等大城市的火车。他们到了城市,住房条件比较糟糕(画 47 号、48 号),又要适应新的工作环境,离开田间的生活(画 7 号);同时,像画 49 号"他们在北方受到另一类型的歧视"所描绘的,他们还会受到种族歧视。

从农村到城市,从农民变成雇佣劳工,生活并不容易。我曾在距离白宫只有三条街的美国国家历史博物馆内,看过一个关于南北战争、解放黑奴历史、南北制度生活差异的展览。其中一个展品,记录了一个南卡罗来纳州种植者(原奴隶主)调侃北方雇佣"自由劳动者"(free labor)制度的话:"你们整个体力雇工阶级……基本上还是奴隶。""不同的是,我们的奴隶是长期被雇,包吃包住。你们只是临时工,生活没有保障,而且工资少得可怜。"

组画的最后三张(画 58—60 号),是整个叙述的"结论"。在画 58 号与画 59 号中,罗伦斯怀着渴望,指出要改变非裔群体的命运,就必须让他们的子女上学(在北方就可以),黑人要有投票参与选举的权利。更有意思的是,现代艺术博物馆展览这一系列的作品是用了这样的标题:"单程票"(One Way Ticket)。也就是说,黑人离开南方的家乡到北方的城市去工作,他们再也不回头了,而选择在北方落户。

画 1 号

画 23 号

画 49 号

画 58 号

在中国的户籍制度下，农民工离开农村，去往城市打工，但获取城市户口不易。是否应该让他们也有这样一张"单程票"，使他们可以在打工的城市落户呢？

近年读了两本好书，它们进一步阐述了人们迁徙到城市的意义。桑德斯（Doug Saunders）的《落脚城市》（*Arrival City*），讲了许多故事，道出了在近几十年往上的社会流动中，城市是最关键的踏脚石。哈佛大学经济学教授格莱泽（Edward Glaeser）在《城市的胜利》（*Triumph of the City*）一书中，更带领读者穿越人类历史、游历世界各地，解释城市存在的优势及其为人类提供的福祉。他在书中指出：城市让人们的生活变得更加健康、更加环保、更加美好。

中国美好的城市，是否可以腾出一点空间，让农民工也可以安居下来，分享"城市的胜利"？

大迁徙改变了美国非裔人口的分布，打破了美国原有南北"黑白分明"的社会格局。美国的历史经验，对于我们思考与分析中国的城乡二元制，寻找解决的道路，应有一定的启发。罗伦斯这组画的意义，也许远超于他画中原来聚焦的时空。

附录二 "外来"与未来:美国移民改革对中国户籍改革的启示[①]

改革移民制度、户籍制度,中美各自都说了十多年。这个题目终于成为 2013 年的热门课题。经过多月来艰苦的讨论和谈判,美国参议院在 6 月底以压倒性大比数通过了 30 多年来最重要的移民改革法案,主要内容是让 1,100 万无证移民可以成为合法居民。当然,法案能否实现,还要通过众议院这困难的一关。差不多在同一时间,中国国家发改委主任在全国人大常委会上透露,将全面放开流动人口落户小城市的限制,并逐步放宽大中城市落户条件。

不少人认为上述做法是两国在移改、户改中踏出的重要一步,并寄予厚望。

美国的移改和中国的户改虽然不完全相同,但是,两国处理"外"来人口都有丰富的实践。其中既有值得相互参考的经验,也有失败的教训。

在美国,"无证移民"是指从国外偷渡进来的,被贬称为"非法移民"。在中国,"流动人口"或"外来人口"是指没有居住地户籍的国内移民,主要群体是农民工,过去曾被贬称为"盲流"。这些贬称说明了这群人的社会身份,说明了他们未被完全认同。美国的无证移民约 1,100 万,中国的流动人口有 2.3 亿多,他们的出现,都为各自的社会带来了一些问题。

但是,问题中往往蕴藏着机会。在两国(特别是中国的城市户籍)人口迅速老化的情况下,相对年轻的外来人口,是未来劳动力的重要生力军、消费者、企业家和发明家,可以带动未来经济创新、持

[①] 原文发表于《中国改革》2013 年第 8 期,第 78—79 页。收入本书时略作修改。

续发展。中国社会科学院蔡昉教授曾经指出，农民工的生产力与消费力可以成为中国经济下一轮发展的"新巨人"。

美国经验

在美国，有关移民对经济影响的正反争论历时长久。这方面权威性的学术研究之一，是美国国家研究理事会（National Research Council）在 1997 年发表的论文。这项研究显示，移民对美国的经济有积极作用。近来影响力比较大的报告、主流媒体的评论，也是正面评估无证移民合法化所起的经济作用。

非党派的国会预算办公室（CBO）6 月公布的报告受到广泛注意。CBO 估算，如果让大部分的无证移民在 2014 年成为合法居民，随后 10 年，因为劳动人口的增长，会为联邦政府增加 4,590 亿美元的税收，增加 2,840 亿美元的开支。收支相抵，联邦政府的收入净增 1,750 亿美元。在第二个 10 年，净收入更可高达 6,700 亿美元。美国非营利组织"税收与经济政策所研究"（Institute on Taxation and Economic Policy）发布的报告也指出，无证移民是目前地方政府税收的一大来源（主要来自收入税、销售税）。如果得到居留权，他们会进一步成为未来地方政府税收增长的主要来源。

得到合法居留权的移民，不但会把更多的收入纳入征税的系统，而且更重要的是会有更多工作选择的机会，使他们的职业技能得到充分发挥，提高劳动生产率，增加整体的国民收入。这个论点是几乎所有的分析者都同意的。除了少数极保守的论者，美国主流意见（比如《纽约时报》《华尔街日报》），基本认为移民是"财富"（asset）多于"负累"（liability），会促进经济的增长。

农民工市民化成本

在中国，尽管大多数学者都认为放开户籍有利于经济发展，但各级政府与媒体似乎更多着眼于农民工"市民化"的负担，即市民化成本的问题。普遍的看法认为，农民工转户进城成本太高，负担不起。

市民化成本的测算是一个复杂的问题。在这方面，国务院发展研究中心在2011年发表的调查研究报告比较全面和合理，被广泛引用。报告得出的结论是：一个典型农民工（包括相应的抚养人口）落户城市后，一生所需的公共支出约8万元人民币（2010年不变价）。如果再宽松一点（加25%），可用10万元人民币作为一个大数来算。正如我在《十五年完成户籍改革》（载《中国改革》2013年第6期）一文中指出的，如果把所有2.3亿外来人口的户口都转换成城镇居民户口，总成本是23万亿元人民币，是2012年国内生产总值的44%，这是一个天文数字，中国无法承受。

但是，如果用我方案建议的15年来做的话，考虑到2030年外来人口起码达到3亿人左右，平均每年大约要转换2,000万人，每年的总成本是2万亿元人民币，占2012年国内生产总值的3.8%，这也是一笔不小的负担。有几个论者认为，这个市民化的成本太高。

其实这是一个不正确的算法，因为它假定了流动人口在一年内把上面所说的10万元人民币的社会福利、公共服务都花光。实际情形并不是这样。10万元人民币的福利是在流动人口落户之后，剩下的所有生命年数内所花的。目前，农民工的平均年龄约为35岁，假设他们的"余生"是40年。这10万元人民币要用40年来分摊，每年是2,500元人民币。如果平均每年转换2,000万人，总成本也就是500亿元人民币，只占国内生产总值的0.1%，这个比率会按年递增，到了方案的最后一年——第15年，成本会累积到1.5%，这都应该是中国国力可以负担的。

再仔细分析一下会发现，现在有不少农民工的年龄不到30岁。可以预测，他们需要的城市福利，短期内是一部分人需要保障房（特别是成家之后），中期是儿女公共教育的福利，支出最大的社保（养老、医疗）主要在后期。落户农民工初期主要还是处于缴费而不是享受的阶段。也就是说，在户改初期，市民化的费用支出实际并不多，农民工落户初期可能是净贡献，即缴费大于领取福利。在当前城镇户籍人口（尤其大城市）严重老化和现收现付的养老、医疗财政制度下，年轻农民工的福利贡献，可以填补由于户籍人口老化所造成的城市公共财政缺口。

所以，外来人口市民化的成本，实际没有想象中那么可怕。随着进一步市场化，中国的地方税制也会进一步合理化，这包括提高个人（家庭）税负在地方税源中的比重。如果这样，他们落户会直接为地方增加财政收入，因为在未来的 20 年，他们当中的大部分会是城镇新增的劳动者、消费者，而不是需要领养老金、大量使用公共医疗的老年人。也就是说，他们是个人所得税、消费税的新税源。上述测算的逻辑与结果，基本上跟美国 CBO 及税收与经济政策研究所的报告一样，即让外来人口落户，起码在头 20 年他们对公共财政的贡献是正的，而不是负的。

更加重要的是，跳出公共财政的范围，可以看到，农民进城后平均每人每年为城市创造的总产值，肯定是上述每年 2,500 元人民币成本的几倍甚至是几十倍，远远超出市民化的成本及他们的工资。试想一个年轻的普通农民，原来待在农村务农，但当他/她到了富士康工作，装配苹果智能手机，一年创造的总产值肯定是以倍计，远远超出其拿到的工资，以及可以花在自己身上的社会福利成本。目前的情况是，他/她只拿到工资，占其创造的总产值的极少部分，同时享受不到多少甚至没有获得社会福利。这种做法既不合理，也难以维持下去。农民工总收入不多，享受社会福利有限制，没法在城市长期待下去，在城市消费，那又怎么推动内需？

反过来说，外来人口一旦落户安居，有了长远的预期，他们也会对自身的人力资本追加投资（即学习技术、提高自己的本领），也会对居住的城市、社区作出投资，促进消费，参与公益活动等。这样，他们得到了市民应有的权利与尊重，为城市创造有形和无形的红利会更高。这也是为什么健康的城镇化、市民化会创造纯利，促进经济和社会发展的大逻辑。人类大规模走城镇化的道路已有 200 多年的历史，里面当然有教训，但总的来说，城镇化，也就是外来人口市民化，给人类带来了更高的生产力、更好的生活与未来。

美国前总统里根在任时积极支持开放的移民政策，他曾说过："我们（指美国）开创未来，带领世界走向明天。因为每一次到这充满机会的土地的移民潮，使我们的国家永远年轻，永远充满着活力和新思潮……"从"外来"联系到"未来"，里面蕴涵着对广义的而不是狭义的经济效率的追求。同时，外来人口不光是出卖劳动力，他们也有享受社会保障、子女上学的权利。认识到这一点，也标志着我们向社会公平迈进一步，标志着我们对每一个人的同等价值多一分尊重，不管他/她是本地的还是外来的。

附录三 美国的移民管理制度对中国户籍改革的启发[①]

人们往往用美国的国际移民管理与中国户籍制度基础上的国内移民管理作比较,这两种制度确实有很多类似的地方。美国的移民和发展经验及管理制度规定,可以为推动中国户籍改革提供一些有用的思考。

在有关移民作用的争论中,一个关键的论题是,移民究竟是国家或城市发展的"资产"还是"负担"。在美国,两派各有论据,但从近几十年的经验看,美国对外国移民总体上是持开放的态度,是大国中吸收移民最多的国家,近三十年每年平均吸收移民一百万人左右。

我们也看到,移民也是地方发展的动力来源。在美国的西雅图,20世纪中期以后出现以日本人为主的亚洲移民国际社区,在80年代随着大量中国、东南亚地区的家庭亲属移民的进入,形成了日益更新的"中国城"社区。而自进入21世纪以来,较多技术移民、投资移民的中产阶级移民进入,更直接出现了一些亚洲人口比重较高的郊区社区。移民改变了地区商业、餐饮和服务业发展,带动地产增值,改变了城市形态,使得移民成为推动地方经济和城市更新的积极力量。

作为一个移民国家,以及推行"民族熔炉"的移民政策,美国移民发展的重要经验在于充分重视和发挥移民对国家和地方经济增长带来的积极动力。大多数的美国地方政府对人口增加是持正面的态度。人口多了,地方税收收入得到增长,在国会的议席增加,政治的发言权也会得到提高。在中国,尽管多数人都承认国内移民对经济发展的

[①] 原文发表于《东方早报》2015年12月29日第11版,作者为任远、陈金永。收入本书时略作修改。

贡献，但地方政府（与市民）对外来人口一般持有一定的排斥态度，这是值得我们反思的。

以市场需求定人才标准

美国国际移民"落户"的制度分为绿卡与入籍两个部分（或步骤）。绿卡是移民第一步进入美国、可以合法长期居留的证件。这在一定程度上和中国一些城市在21世纪初期实行的"蓝印户口""人才居住证""长期居住证"类似。美国绿卡是一种选择性的人口准入制度，可以获得绿卡的路径很多，最主要的路径是家庭亲属移民及基于就业的劳动力移民。劳动力移民（包括专业技术人士、投资者）的接纳，主要是发挥市场机制的作用，一般是由企业和用工单位为雇用外国劳动力移民申请绿卡，而企业需要证明在本国劳动力市场上在同等条件下雇用不到国内相应的就业申请者，需要招聘外籍人士，这样就有必要为招聘的外籍劳动力申请绿卡，使他们可以在美国务工、长期居留。这种基于市场需求的长期居留（绿卡）准入制度的好处在于，避免了移民对本地劳动力市场的冲击，确保了移民是本国劳动力市场短缺的补充，以及能够确保移民对劳动力市场和经济的贡献作用。更多地依靠企业而非政府确定"准入条件"的积分和标准，也能够由"市场之手"来进行更灵敏的调节。因为企业和市场往往比政府更加清楚地了解市场所需要的劳动力。

反观我们在户籍准入的改革中，无论是"条件户籍"，还是更加精致的"积分入户"，都仍然是一种强烈的政府制定标准、由上而下的做法，或者由政府和专家来确定"积分"。但是，什么样的移民是城市所需要的，往往却不是政府和专家所能判断的。例如，我们往往将具有大专以上教育程度的劳动力作为"人才"标准，但是具有高等教育程度的未必是"人才"，而没有受过高等教育的也有不少人才，如比尔·盖茨和乔布斯都没有所谓的高等教育的学历（他们都没有大学毕业文凭），单纯"以文凭取人"，可能丢失了一些城市所需的真正的甚至是非常珍贵的人才。更重要的是，城市的劳动力需求不仅需要受过高教育程度的劳动者，也需要各种专业服务的人员，如餐厅的服务人员、快递人员、家政和护理服务人员。城市产业发展带来对产业链条各个环节和关联服务的各种就业需求的同时增长，城市产业发展并不会只增加对高级技术人才的需求，而是会同时带来相关联的各种生产和社会服务就业的增长。

因此，在城市的户籍改革中，应更加重视企业和市场的判断，重视市场内生的引导，从而避免户籍条件、积分体制所具有的僵化限制，使得户籍改革能够和市场需求真正结合起来。重视企业用工选择来推动户籍制度改革，使企业和市场在移民政策中发挥更大作用，其所具有的另外的作用在于，企业也能够通过申请户籍和劳动者签订长期服务合同，从而保证企业利益。当前国内劳动力市场的流动人口就业的不稳定性，限制了企业对劳动者的人力资本投资并制约了企业的产业升级。如果企业能够在对所需要的劳动力稳定用工和帮助劳动者得到城市户籍上有机挂起钩来，就会使得市场机制在户籍改革中发挥更重要的作用，并改变单纯政府户籍改革上缺乏动力的状况。

家庭是移民政策的重要考虑因素

美国的移民吸收了大量的投资和技术移民，其所具有的精英人才的移民政策对于美国保持经济技术优势和产业竞争力发挥了积极的作用。此外，美国的绿卡移民制度也非常重视投亲和家属可以到美国长期居留。近些年来，亲属移民每年占用绿卡配额都达60%以上（见附图3-1）。美国公民或绿卡持有者的配偶、子女都可以随时移民，基本上没有什么限制。技术移民的配偶、子女也都可以一起移民，到美国长期居留。甚至在美短期学习的学生、访问学者的配偶和孩子也一般能够获得家庭陪伴的来美短期居留的许可，即美国的F2、J2签证（适龄的"访问儿童"还可以到公立学校就读）。

移民政策中家庭团聚是一个重要的考虑，这不仅是出于人道主义，而实际上是强调了在移民政策中需要特别维护家庭的完整性，体现了家庭在个人生活、社会中的重要性。移民客观上具有对家庭生活的需求，而家庭也有助于维持移民生活的稳定性、增进社会稳定和安全。同时，因为消费主要是基于家庭的，移民的住房、教育、娱乐、汽车等消费都会在家庭发展的基础上得到促进，因此家庭发展能够推动移民的消费需求的增长。①

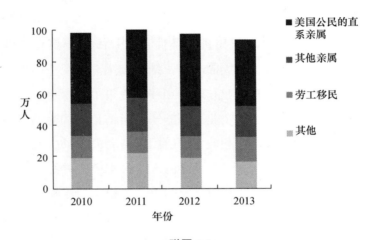

附图 3-1

资料来源：根据美国移民统计办公室《2013 移民统计年鉴》数据整理。

不过，在中国的户籍制度和国内迁移的管理中，家庭在移民政策中被弱化了。虽然在1998年的国家户籍改革中已经强调实行子女能够随母和随父落户，但是一些特大城市仍然按照地方性户籍管理规定操作而没有执行上述规定。对于婚姻迁移的人口的户籍准入条件也比较苛刻，以至于不少和本地人口结婚的"外来媳妇"实际上难以得到户籍。中国在人口迁移流动的过程中出现了大量的留守妇女、留守儿童和留守老人的情况。这些情况虽然按照迁移行为的新经济学来看，是移民家庭的"理性和自愿"选择，但实际反映出是"家庭不友好"

---

① 特朗普任美国总统期间（2016—2020），改变了若干移民政策，限制移民入境。2021年拜登任总统以后，逐步恢复了原来比较宽松的移民政策，包括收容国际难民。

的户籍制度和带有一定歧视的教育制度等间接所造成的。在户籍制度改革中应该重视婚姻迁移和家庭迁移的准入，解决在迁移流动过程中出现的家庭分离问题，保护迁移者家庭的完整和生活福利（包括儿童、配偶与老年的父母），应该是中国未来户籍改革的重要着力方向。

正确认识福利和移民的关系

美国国际移民政策对中国户籍制度改革的第三个值得参考之处在于，需要正确认识福利政策和移民政策的关系。目前对中国以劳动就业为基础的人口迁移来说，大多数农民工到城里来，主要是打工，福利并不是流动的直接原因。但福利实际上是劳动力人口生活的配套，国家公共部门有责任为迁移流动人口提供福利安排和福利制度，而不应通过福利制度的限制来控制人口迁移。美国的地方政府对于在本地区居住人口的教育、健康福利和各种公共服务是按照属地居民提供的，而不是按照居住人口的身份。任何合法长期居留的人口都享受公共服务的平等权利，甚至有些福利还延伸到"无证"的非法移民。在有些州（如华盛顿州），无证的移民儿童可以就读公立的学校，包括小学、中学甚至是大学。

在这个意义上，对移民的公共服务供给应是按居住地均等化提供的，而不应按照移民身份提供。在中国当前的户籍制度和福利体制安排中，不仅很多福利安排和公共服务是基于户籍身份的，而且一些城市还将福利政策作为控制人口的工具。例如，一些地方将非户籍人口排斥在所居住区域的教育、健康、救济、住房等公共服务之外，并以此来帮助实现严格控制人口规模的目标。实际上，这些社会福利和公共服务是居住在所在地区人口的平等社会权利，地方政府公共部门和社会部门有责任提供均等化的社会支持。在中国一些城市，外来人口子女教育的公平性问题（特别是他们不能就读公立高中和异地高考）是一个严重的社会问题。对于移民的基本公共服务均等化的问题，改革仍然相对滞后，需要大力推进，才能够为大城市和特大城市的户籍改革创造条件。

　　从推进户籍改革的策略和技术层面来看，美国确实有不少经验可以参考：加强企业和市场在户籍准入中的作用，放宽和推动对婚姻迁移和对家庭迁移的支持，以及对迁移人口提供以居住地为基础的均等化社会福利和公共服务。但是，在进行这样的比较研究过程中，我们应该认识到美国的国际移民和中国的国内移民是完全不同性质的移民。虽然中国还存在一定的地方财政保护主义、城乡之间与地区之间的福利壁垒和迁移壁垒，户籍制度对移民的控制性不会很快消除，但是过分强调国际移民政策对户籍制度改革的参考作用，可能会扭曲和错置中国户籍改革的理想目标。实际上作为一个统一的市场经济大国的国内移民，我们更需要的是要更多借鉴美国国内人口自由迁移的状况和管理方式，从而思考户籍制度改革的目标模式和改革路径。

　　美国的国内迁移没有任何制度限制。国内迁移是建立在单一的国家认同和国家公民权利基础上的自由迁移，自由迁移本身是重要的国家公民权利。一些关于地方政府财税和公共服务政策配置的分析框架，也都是以人口自由迁移流动为分析基础的。在这个意义上看，对国内迁移提供类似绿卡制度、长期和永久居留准入条件本身是不合理的。中国户籍制度改革的目标模式是需要实现人口自由迁移基础上的居住地登记安排制度。社会福利和公共服务是基于居住地的均等福利和平等社会权利，而不是基于社会身份的差别福利。在美国，人口自由迁移是具有公民权利平等性的法律要求和具有宪法规定的保障，中央（联邦）政府要在国内捍卫公民的平等权利、自由迁移。

　　美国的移民管理和制度安排对于推动中国未来户籍制度改革具有良好的启示，但是简单将国际移民管理套用于中国的国内迁移管理，其实忽视了国内迁移流动是一个统一国家和统一市场的基础性制度安排，以及人口自由迁移应该成为基本的公民权利。国内人口实现自由迁移，是统一的一元的国家公民平等制度的要求，也是建设统一的劳动力市场的内在要求。所以，当我们在开展中美移民管理制度的相互比较中，在参考美国的国际移民管理逐步放松居住证管理、改革户籍制度的同时，我们更要参考美国国内人口自由迁移的管理制度来设计中国社会主义市场经济体制的国内移民制度框架。

正因为迁移流动制度构成统一国家和统一市场的基础性制度安排，我们要强调户籍改革是一项关乎国家发展全局的重大改革，是推动城镇化发展、实现全面建成小康社会，以及实现中国建设现代化国家的关键改革。这迫切需要中央坚强的领导、统筹，避免地方改革的相互牵制和碎片化。中央政府要具有全局性的顶层设计，带头推动与统筹协调、综合配套，包括加大财政投入、积极推动与监督实施，制定必要的法规。目前，迁移流动人口在城市落户遇到的问题，一部分是国家全局性和跨地区的保障福利体制建设问题（如教育改革、社会保障改革、土地制度改革等），这些带有全局性的问题和改革，需要中央的领导、统筹，需要国家层面和整体制度建设，需要公共财力的合理配置，不能单靠地方政府。实质性户改要求打破城乡和地域界限，扩大非户籍人口落户的数量，将不可避免地涉及跨地方、跨行政地区的事权与财权、福利保障制度的衔接，以及人口社会管理的协调问题，需要在一个更高的层次统筹规定与执行。

国家经济社会的进一步发展，需要建基于一个统一高效的国内劳动力市场、资本市场、产品消费市场之上，需要破解城乡二元结构，避免地方利益碎片化，并建立国民身份基础上的整体福利体制和公共管理安排，并同时动员地方自主和治理的积极性。这个改革任务中央政府责无旁贷。纵观美国一百多年来作为一个联邦国家的国家治理，一个可资借鉴的地方在于联邦政府不断努力建设统一国内市场，使生产要素（包括人口和劳动力资源）可以自由流动和配置。中国的国内经济社会发展一体化，其主体力量也必然是自由迁移流动的劳动者与家庭，以及基于社会主义市场经济的资源优化配置。推动户籍改革和国家发展，需要从全国一盘棋角度去考虑，需要在中央层面作出积极的布局与安排，需要地方政府的积极改革实践，这应该成为户籍制度未来改革的大方向。

　　当前城镇化的有效推进和国家经济社会的持续发展迫切要求推动户籍改革。近期的可行措施应是加快推进户籍改革，特别是大城市和特大城市的户籍改革，增强市场机制对于人口迁移流动和资源配置的基础性作用，以及对迁移人口、流动人口逐步提供以居住地为基础的均等化社会福利和公共服务，加强对家庭和亲属迁移的支持。以此为着力方向努力推进，将户籍改革作为改革的杠杆，能够有效推进国家经济社会发展迈上新的台阶。